U0727658

国家出版基金项目
NATIONAL PUBLICATION FOUNDATION

上海三联人文经典书库

85

古希腊历史学家

[英]约翰·伯瑞 著

符莹岩 张继华 译

THE ANCIENT GREEK HISTORIANS

SJPC

上海三联书店

"十四五"国家重点图书出版规划项目

国家出版基金资助项目

总　序

陈　恒

　　自百余年前中国学术开始现代转型以来,我国人文社会科学研究历经几代学者不懈努力已取得了可观成就。学术翻译在其中功不可没,严复的开创之功自不必多说,民国时期译介的西方学术著作更大大促进了汉语学术的发展,有助于我国学人开眼看世界,知外域除坚船利器外尚有学问典章可资引进。20 世纪 80 年代以来,中国学术界又开始了一轮至今势头不衰的引介国外学术著作之浪潮,这对中国知识界学术思想的积累和发展乃至对中国社会进步所起到的推动作用,可谓有目共睹。新一轮西学东渐的同时,中国学者在某些领域也进行了开创性研究,出版了不少重要的论著,发表了不少有价值的论文。借此如株苗之嫁接,已生成糅合东西学术精义的果实。我们有充分的理由企盼着,既有着自身深厚的民族传统为根基、呈现出鲜明的本土问题意识,又吸纳了国际学术界多方面成果的学术研究,将会日益滋长繁荣起来。

　　值得注意的是,20 世纪 80 年代以降,西方学术界自身的转型也越来越改变了其传统的学术形态和研究方法,学术史、科学史、考古史、宗教史、性别史、哲学史、艺术史、人类学、语言学、社会学、民俗学等学科的研究日益繁荣。研究方法、手段、内容日新月异,这些领域的变化在很大程度上改变了整个人文社会科学的面貌,也极大地影响了近年来中国学术界的学术取向。不同学科的学者出于深化各自专业研究的需要,对其他学科知识的渴求也越来越迫切,以求能开阔视野,迸发出学术灵感、思想火花。近年来,我们与国外学术界的交往日渐增强,合格的学术翻译队伍也日益扩大,同时我们也深信，学术垃圾的泛滥只是当今学术生产面相之一隅，高质量、原创作的学术著作也在当今的学术中坚和默坐书斋的读书种子中不断产生。然囿于种种原因，人文社会科学各学科的发展并不平衡，学术出版方面也有畸轻畸重的情形（比如国内还鲜有把国人在海外获得博士学位的优秀论文系统地引介到学术界）。

有鉴于此，我们计划组织出版"上海三联人文经典书库"，将从译介西学成果、推出原创精品、整理已有典籍三方面展开。译介西学成果拟从西方近现代经典（自文艺复兴以来，但以二战前后的西学著作为主）、西方古代经典（文艺复兴前的西方原典）两方面着手；原创精品取"汉语思想系列"为范畴，不断向学术界推出汉语世界精品力作；整理已有典籍则以民国时期的翻译著作为主。现阶段我们拟从历史、考古、宗教、哲学、艺术等领域着手，在上述三个方面对学术宝库进行挖掘，从而为人文社会科学的发展作出一些贡献，以求为 21 世纪中国的学术大厦添一砖一瓦。

目　录

序　言

　　此书由我1908年春受哈佛大学古典学系邀请荣幸地在哈佛大学发表的莱恩演讲构成。其刊印版本几乎与最初撰写的讲稿别无二致，但是如果我的一些友好的听众浏览一下的话，可能会发现许多在讲堂上省略的段落。本书对古希腊的历史著述进行了历时性考察，至公元前1世纪为止。事实上我把它献给加德纳·M.莱恩（Gardiner M. Lane）先生，他数年前为人文主义研究创设了这一讲座。

　　如果我能及时得到麦坎（Macan）先生关于希罗多德最后三卷的可敬之作，那么希罗多德这一讲就会增色许多。他用一系列有说服力的论据证明这几卷创作时间在先，这一发现令人欣慰。我自相矛盾地在参考书目中列出他七到九卷的版本，因为书目正是为了对此类演讲中不便于仔细鸣谢的恩惠予以全面承认的。大多数与希腊历史学家有关的问题我都曾与我的朋友马哈斐（Mahaffy）先生进行过详细的讨论，我深知许多想法应归功于他，而时至今日已无从核证。

1908年9月5日

第一讲　希腊史学在伊奥尼亚的兴起

在这些讲座中我意欲追溯古希腊人历史文献的起源和发展。我将试图把古希腊历史学家的原则、主导思想和方法关联考察，并把它们和希腊思想及希腊历史的发展进程联系起来。虽然我们自幼就熟知希罗多德和修昔底德，但是我无须为对他们花费时间过多而道歉，他们拥有能永远让我们兴致盎然的秘诀。在历史学领域，正如在诗歌、文学、艺术、哲学和数学上一样，我们从古希腊人那里获得的教益难以胜数。作为一名希腊文化的研究者，如果我能成功地说明这一事实，将甚感欣慰。古希腊人并非第一个记载人类事件的民族，他们却首先对事件进行了批判。这意味着，他们首创了历史学。

第一节　史诗的史学意义

早在严格意义上的历史著述产生之前，早期希腊人就有一种相对而言等同于历史、他们为之深信不疑的文献——史诗。荷马史诗的唱吟不仅作为娱乐消遣使听众浮想联翩，而且满足了他们可以称得上是对历史过往的兴趣。这种对历史的兴趣并非徒然好古，却有实际的用途。那些追忆往昔的故事与他们对祖先的宗教崇敬有关，与他们的自豪感亦息息相关。每个自我尊崇的城市都试图通过古代的宗族与荷马史诗中的英雄产生联系，以此具备在希腊世界获得显赫声名的资格。能够提供这种资格的诗歌被当作权威的历史文献备受推崇。在领土争端中他们援引《伊利亚特》作为有效的凭据。希腊人为什么在很久以后才记载新近或当代的事件呢？荷马拥有巨大的权威，特洛伊史诗对希腊人的思想和心灵造成了深远的影响可以在一定程度上解释这一谜题。倘若对他们政治才智早期的发展，其历史记载的匮乏一定会令我们讶异。公元前 7 世纪时他们在政治上的经历已经遥遥领先。譬如，斯巴达有一套复杂的政治制度，雅典已采用了官员逐年更替的制度。许多独立的小邦不得不和睦共处，其中一些更是休戚与共，政治意识就不免产生了。城邦（polis）的建制使政治生活频繁如梭，希腊世界里各种政制的试验此起彼伏。政治作品就在这种情况下孕育而生。阿尔基洛科斯（Archilochus）①、图尔泰奥斯（Tyrtaeus）②、梭伦和泰奥格尼斯（Theognis）③是用诗作探讨时政的古代最杰出的政论作家。然而这一时期的希腊人却没有用历史著作来记载其经历的冲动，他们唯一关注的历史仍是由史诗所提供的。埃及和亚述早在很久以前就有许多同期的记录，他们会为了讴歌某些权势赫赫的君主而镌刻其丰功伟绩。然而早期的希腊人，即便是专制君主，也不会像阿述尔巴尼拔（Assur-bani-pal）④那样记述自己的功绩，他们没有那样的自我意识；佩里安德（Periander）⑤和庇西特拉图

---

① 阿尔基洛科斯（Archilochus），公元前 7 世纪帕罗斯的诗人，诗作为他人所提及，但生平不详。——译者注。下文脚注为译者注，不再作说明。

② 图尔泰奥斯（Tyrtaeus），公元前 7 世纪的抒情诗诗人，其诗作激励斯巴达人忠诚爱国、奔赴战场，可能对斯巴达占领麦塞尼亚有推动作用。

③ 泰奥格尼斯（Theognis），公元前 6 世纪麦加拉的诗人。

④ 阿述尔巴尼拔（Assur-bani-pal），公元前 668 年到公元前 627 年新亚述帝国的国王。

⑤ 佩里安德（Periander，约公元前 625—前 585 年）为科林斯僭主。他广为兴建公共建筑，奖掖艺术并建立殖民地，在其统治下科林斯臻于强盛。

(Peisistratus)不曾想向后世宣扬以求流芳百世。假如庇西特拉图是一位东方的统治者,他会邀请文人墨客来颂扬自己的生涯;可是身为他那个时代的希腊人,他却委任了一个文学委员会去编纂荷马史诗。公元前 7 世纪甚或更早些时候的确也有一些后来被证明是有用的记录,可也只是人名的罗列,例如官员或祭司的名表。 4

　　这一时期希腊人集中体现在史诗传统上的对历史的兴趣很浓厚并且卓有成效,意识到这一点很重要。虽然公元前 7 世纪时史诗的成长行将结束,可是它在这个时期仍然有所发展。几乎可以肯定的是,《伊利亚特》和《奥德赛》在远早于公元前 600 年的时候还没有达到现在的篇幅。我只需请你们回想一下吉尔伯特·默雷(Gilbert Murray)先生去年在这所大学发表的演讲,他讲的一些内容正好有助于我们对历史学起源的理解。他强调荷马史诗的根基和主要动机与历史学有关,我深以为然。他用令人钦佩的洞察力说明诗歌在每一个相继阶段的发展是如何回应并且反映该阶段的观念、习俗和风向的。在默雷先生追述的伦理和社会批评之外,还有另一种批评显示了历史探询的精神。与特洛伊战争有关的史诗(为讨论之便且认为它们在公元前 800 年左右存在)会让一个爱追根究底之人针对战争的进程、其最终的结果和诸多参战英雄的命运产生许多疑问——荷马没有对这些问题作出解答。答疑解惑是 5 后世诗人们的任务,他们叙述的事情早先的吟游诗人并不知晓,或者缄默未语。后来的诗人必须去查漏补缺并解释前后矛盾的地方,这一过程必然需要对时间顺序有明确的考虑,而这是神话最初的创作者们不曾认真思考过的元素。我们无法判断这些荷马学派后期的诗人在多大程度上吸收了地方传说,在多大程度上是依据自己的创作,可是特洛伊远征和英雄们的传说正是经他们之手才成为一系列在时间上关联有序的特洛伊史诗的。在这些史诗当中,就有《伊利亚特》和《奥德赛》。

　　把口头传说系统化这一新的本能使这一时期还产生了谱系诗人学派，赫西奥德（Hesiod）是其中的佼佼者且可能是发端者。谱系诗人旨在把神和英雄的世系整理成连贯的体系，他们从生发万物的原始存在开始推衍，进而追溯统治希腊邦国王室的血统起源。[1] 古希腊人不仅对把真实存在的家族和传说中的英雄连接在一起的谱系[2] 十分关注，他们还对与之相关的将城邦建立与英雄时代联系起来的"起源"感兴趣。这一兴趣促成了一批所谓的"地方史诗"的出现，"地方史诗"在风格和特点上与赫西奥德派近似，记载传说中的起源（κτίσεις）和建城者的世系。比如，我们知道的有欧麦洛斯编著的《科林斯史诗》（Corinthiaca，① 可能是《伊利亚特》后面某些章节的资料来源）[3]、诺帕克提亚诗歌（Naupactian poem）② 及以阿尔戈斯首任国王佛罗奈奥斯（Phoroneus）命名的《佛罗尼斯》（Phoronis）。

　　在所有这些智力活动中，我们能发现一种原始的历史探询的本能，它受到语意连贯和时间顺序观念的引导。谱系研究不可避免地把年代学提上了重要的位置。我们还可以看到诗人具有某种历史的意识。他们在一定程度上意识到他们自己的文明和英雄时代的文明存在着差别，这一意识体现在《伊利亚特》和《奥德赛》中可以看到的拟古主义上。③ 譬如，诗人总是眷恋已经废弃的古代青铜盔甲。

　　在这里需要特别提到一首公元前 7 世纪或者是公元前 6 世纪的史诗——《阿里玛斯匹亚》（Arimaspea），作者是普罗康奈索斯人

---

① 欧麦洛斯（Eumelus）为公元前 730 年前后的科林斯诗人，其诗作保存了科林斯早期历史上一些英雄人物的传说。
② 诺帕克提亚诗歌是关于诺帕克托斯城起源的诗歌，已经失传。
③ "拟古主义"（archaism）指行文中热衷于使用古词、古语和古体，冀求再现古代场景或意象的写作风格。

阿里斯泰亚斯(Aristeas of Proconnesus)。这部作品的主题是斯基提亚(Scythia)①,作者似乎访问过那里。它对我们当前主题的重要性在于率先显示了古希腊人在地理学和民族志上的兴趣,下面我们将会谈到,这与真正意义上历史学的兴起是相伴而生的。这首诗还仿佛提到公元前 7 世纪时奇麦里安人(Cimmerians)的迁徙,这对阿里斯泰亚斯来说是现代史,他解释说这是因为毗邻的民族带来了压力,此言可谓一语中的。⁴ 不过《阿里玛斯匹亚》并非独一无二,《奥德赛》也明显地体现出古人对地理学的兴趣,M. 贝拉尔(M. Bérard)已就其重要性和历史背景作过说明。但是或许在古代的阿尔戈英雄诗歌中,②我们才能查寻到《阿里玛斯匹亚》的灵感之源,这些诗歌涉及的区域与阿里斯泰亚斯访问过的地域如出一辙。

　　直到公元前 6 世纪中期或末期,古希腊人的史诗满足了他们对于历史的兴趣。史诗对我们来说是虚构的,可是对他们来说却是过往历史。不仅如此,史诗到了后面几个世纪,在形式上已经带有准历史学的性质了。大量的传说正在经受粗糙、初步的可以称为历史探究的处理工序。荷马学派后来的诗人和赫西奥德派的诗人遵从系统整理和时间顺序的需要进行工作。虽然他们没有确定绝对年代,没有断定日期,但是确定了事件先后的顺序,这对特洛伊神话的完善、特洛伊神话和其他神话体系(如底比斯神话系)的关联有决定性影响,而且时序的确立契合谱系的主题,时间顺序掌控

8

---

① 斯基提亚(Scythia)又译西徐亚、塞西亚或斯基泰,为古代欧亚大陆中部的一个区域。古希腊人将欧洲东部、黑海北部及中亚草原的游牧地带命名为斯基提亚,包括现在俄罗斯南部、哈萨克斯坦和乌克兰等地。与其相关的斯基泰人(Scythians)狭义上指公元前 8 世纪到公元前 3 世纪活跃在南俄草原的一支游牧民族,他们在兴盛时期是斯基提亚的主要居民,属于印欧语系伊朗语族。
② 阿尔戈英雄诗歌讲述以伊阿宋为首的英雄们乘阿尔戈号出航远赴科尔喀斯盗取金羊毛的故事。

着诗歌谱系。经过这些诗人的努力，零散而说法不一的传说多多少少被调和进对往昔的叙述中，从表面上看不再抵牾。他们的作品在促成和激发希腊人的自觉意识上功不可没。

第二节　赫卡泰奥斯创立历史学

古代的文献和传说经过如此的考察，可以想见，即使真实性没有遭到全盘质疑，也会播撒批判的萌芽，为怀疑的产生打下基础。这是个棘手的论题，因为我们对文献的了解太残缺不全了。但我们至少能以众所周知的斯泰西考罗斯（Stesichorus）对海伦故事的怀疑为例，①而且可以举出更多的例子。事实似乎是到史诗时代的末期在伊奥尼亚兴起了一种精神，虽然称之为怀疑精神还为时过早，但是它无疑漫不经心地呈现出怀疑的态度，随时都可能演变为真正的质疑精神。正如默雷先生已充分阐明的，这一精神体现在《伊利亚特》后面的一些章节里，尤其是宙斯被诱骗的那段故事中；②在《奥德赛》里，它体现在德摩多科斯（Demodocus）③的短歌中，歌谣讲述了受到情伤的赫淮斯托斯惩罚妻子阿佛罗狄忒和阿瑞斯的故事。

这种怀疑主义的趋势由伊奥尼亚的气质所引发，伊奥尼亚科学和哲学的兴起又使之进一步加强。科学和哲学意味着批判，早期的思想家将之应用于物质世界，而将之系统地应用于人类的传说不过是指日可待的事情。其结果是，史学以某种形式或者其他形

① 斯泰西考罗斯（Stesichorus）为公元前 6 世纪的抒情诗人，在诗作《帕林诺德》（*Palinode*）中否认海伦抵达特洛伊，而断言她前往了埃及。
② 在特洛伊战争中，赫拉想要转移宙斯对战争的关注以帮助自己支持的一方，遂诱骗宙斯使之安眠。（《伊利亚特》，14.153—360）
③ 德摩多科斯（Demodocus）为费埃克斯王阿尔基诺俄斯宫中的歌者。

式与神话区分开来。

与此同时,古希腊人依然具有强大的创作神话的本能并且成果斐然,然而神话呈现出一种新的形式。神话舞台上不再出现超自然的存在,除神谕、征兆和幻象以外超自然的场面(mise en scène)被摒弃了。他们围绕现代或新近的历史人物创作故事,所有这些故事——不管是库普塞洛斯(Cypselus)得救、① 阿伽丽斯塔(Agarista)招亲还是波吕克拉提斯(Polycrates)的指环,都在人类可能经历的范围之内。粗略看来它们并非毫不可信(ἄπιστα τῷ καθ᾽ ἡμᾶς βίῳ)。神话这一新常态与古希腊人对一个新领域产生兴趣有关——我们可以称之为人生哲学,它在当时的格言诗上有所体现。英雄为贤哲所取代,"七贤"是虚构创作的成果之一。德尔斐仿佛是编撰这类神话的中心,与荷马比肩树立起权威。

现在让我们假想在公元前 6 世纪结束之前,有一位善于思考之士开始反思希腊人往昔的运势。

他会震惊于其历史性质已经完全改变的事实。正如史诗所描绘的,英雄时代充斥着神的干预、神与人之间频繁的交往、令人吃惊的化身变形和各式各样的奇迹。人类经历的性质如何改变了,这样的奇迹如何不再出现了呢?我们不免要提出这样的疑问:我们能相信史诗诗人,将其所有言辞都信以为真吗?我们发现在公元前 500 年之前,一位伊奥尼亚哲学家克塞诺芬尼斯(Xenophanes)② 已经对荷马和赫西奥德的可信性提出了责难。[5] 他拒绝接受广为流传的神人同形共性神学观,称希腊的神话是"前人

10

---

① 库普塞洛斯(Cypselus)为公元前 7 世纪科林斯的僭主,据说出生后藏身于一个匣子(kypsele)中而由此得名。公元前 657 年左右他推翻了贵族政府,成为科林斯历史上第一位僭主。

② 克塞诺芬尼斯(Xenophanes,约公元前 570—前 478 年),伊奥尼亚诗人和哲学家。他出生于伊奥尼亚的科洛丰,以诗作讽刺了荷马和赫西奥德等人的观点。

11 的杜撰"（πλάσματα τῶν προτέρων）。他的理性主义符合宇宙法则。后来的理性主义者提出，发生过一次的事情有可能再次发生，现在令人难以置信的事物则在任何时候都不足为信。克塞诺芬尼斯不管明确与否运用了这一法则。出于伦理缘故，他还注重谴责向神祇赋予为当时希腊道德标准所不齿的行为。[6]

在伊奥尼亚科学家以理性解释自然的尝试和哲学的发端之外，公元前 6 世纪下半叶还有一个事实有助于开阔伊奥尼亚有识之士的视野。波斯的势力已经扩张到爱琴海，小亚细亚的希腊人已经被并入波斯帝国。这自然使那些希腊人对他们刚刚归属的广袤区域中的其他地方产生了兴趣和好奇，他们新的境遇也为满足这一好奇提供了便利。东方的地理和历史为希腊人提供了一个新的研究领域，我们将会谈到，这对历史学的发端有举足轻重的影响。

历史学的诞生与米利都人赫卡泰奥斯（Hecataeus of Miletus）这个名字联系在一起。赫卡泰奥斯首先并且主要是一位地理学家。我不反对把阿那克西曼德（Anaximander）称为"地理学之父"，但赫
12 卡泰奥斯可以被视为地理学的创始者之一，其主要贡献在于增进了地理领域的知识。他大概出生于公元前 6 世纪中叶，不仅游历过希腊和黑海海岸，而且探查过波斯帝国腹地和埃及——埃及已经被冈比西斯①占领。其旅行可能远及西班牙南部。他为一部地理著作四处收集资料，该著作以《大地纪行》（Map of the World）为名出版。然而此书并非仅仅局限于地理学领域。在描述国家和地区之外，它无疑包含许多民族志和历史方面的内容，尤其是它向希腊人介绍东方的历史，首次概述了亚述、米底和波斯历代的君主。几乎可以肯定的是，作者对他那个时代的伊奥尼亚史有所涉及，他自

---

① 这里指波斯阿契美尼德王朝的冈比西斯二世（Cambyses II，公元前 529—前 522 年在位）。公元前 525 年他率军入侵埃及，建立了埃及的第二十七王朝。

己也身处其中。你们也许还记得希罗多德曾不止一次提到赫卡泰奥斯对伊奥尼亚人提出过建议，伊奥尼亚人却没有听从这些告诫。最有可能记载未经采纳的建议的人莫过于提建议者，我们可以相当肯定地认为希罗多德的史料来自于赫卡泰奥斯本人。

赫卡泰奥斯只是通过一部名称和主题与地理相关的著作，就这样开创了"现代"史的写作。他还写过一部关于希腊古代历史的著作。它是一部源自谱系史诗的散文汇编。可是，虽然以《谱系》(Genealogies)为题显示其颇受史诗之影响，但它是一部批判性考察的著作。其开篇就令人印象深刻，让读者禁不住想彻底、严格地审核一下它是如何记述希腊古代历史的。赫卡泰奥斯说："我在这里所写的是我认为是真实的报道。尽管希腊人的传说众多，但是在我看来是荒谬可笑的。"此书现存的片断使我们难以判断其质疑达到何种程度。我们所能指出的他的几个理性分析实例相当稚嫩，但却使我们知道他没有像克塞诺芬尼那样认为神话纯属虚构，而用内在的尺度对可能性加以判断。例如，他把赫拉克勒斯据说从冥界拖走的哈德斯之犬，①解释成出没在泰纳戎(Taenarum)的可怕蟒蛇的名称。② 再者，他把革律翁尼斯(Geryones)③的居所和他的牛群从遥远的西班牙搬迁到更易到达的伊庇鲁斯的牧场。[7]

然而，要更清楚地领会赫卡泰奥斯的态度还要参考希罗多德的

① 在希腊神话中哈德斯为冥界之主，他的恶犬刻尔柏洛斯看守着通往冥界的入口。传说赫拉克勒斯从阿尔戈斯国王欧律斯透斯那里领受了十二件艰巨的任务，其一是从哈德斯那里带回刻尔柏洛斯，赫拉克勒斯最终不辱使命。

② 赫卡泰奥斯认为刻尔柏洛斯并非众所周知的三头犬，而是一条可怕的毒蛇，其些许毒液足以令人顷刻毙命，所以得到"冥王之犬"的称号。赫拉克勒斯在泰纳戎捉到此蛇，将其带回给欧律斯透斯。这一说法为波桑尼亚斯所认可，参阅Pausanias, 3.25.4 - 6。

③ 革律翁尼斯又称革律翁，是居住在遥远的西方（今西班牙）的三头怪。赫拉克勒斯的十二件任务之一是把革律翁之牛带给国王欧律斯透斯，他完成了这项任务，并在直布罗陀海峡竖立了"赫拉克勒斯之柱"。

某些段落,在下一讲中我会对此有所关注。我们届时将了解到赫卡泰奥斯在埃及知悉埃及人的历史传说后,不禁对希腊人古代的历史产生了怀疑。他在那里发现,当众神被认为在希腊的崇山峻岭间出没的时候,仅有几日路程之遥的埃及却仅为人类所掌控。希腊神的时代显然应与埃及的神祇时代同样久远,那么不难推断当前希腊人并不遥远的祖先所处的英雄时代必须脱离由神话诗歌笼罩上的超自然的氛围。我们可以断定赫卡泰奥斯在开篇所说的并不言过其实,他的理性主义比我们能从其为数不多的著作片料想到的要更为彻底。

正如我所说,赫卡泰奥斯以散文的形式写作。选择散文文体,说明他在这方面能够胜任,也是他能取得成就的前提。然而米利都人很可能已经用散文处理过历史题材。一些现代评论家对米利都人卡德莫斯(Cadmus the Milesian)是否确实存在过持有争议,他的确是个模糊不清的人物。我虽然不太能肯定,但是有理由认为这个人物存在,他是伊奥尼亚最早的散文作家之一。[8] 我对卡德莫斯的了解是他生活在公元前 6 世纪前期,与阿那克西曼德和叙罗斯人斐瑞库德斯(Pherecydes of Syros)属同时代人。他写过一本关于米利都和其他伊奥尼亚城市起源的书,这部著作之所以值得注意只是因为它是用散文体写作的,在行文手法或风格特点上与《科林斯史诗》和《佛罗尼斯》这样的史诗并无差别。对卡德莫斯的声名成就我们充其量只能讲这么多,他是一位很早期的散文作家或者说"散文写作者"(logographer),但是没有理由设想他比欧麦洛斯或欧伽蒙(Eugammon)更堪称为历史学家。把赫卡泰奥斯称为历史学的创立者,相较而言无可辩驳。

正如你们所知,"logographer"指写散文的作家,并不一定是历史学家。①

　　希腊人早期的历史文献没有特别的名称。那时在伊奥尼亚悄然涌现了一批散文文献，包括哲学和科学的著作，以及伊索寓言那样的作品，历史文献只是其中的一种。希腊人在其命名法中只考虑形式上的差别。"史诗创作者"（epopoioi）现在不得不与"散文创作者"（logopoioi）作以区分，书写韵文的史诗作家必须与创作散文的散文作家区分开来。"散文创作者"又被称为"散文写作者"，两者的含义完全一样，只是后者强调了撰写的事实。② 赫拉克利特（Heracleitus）和索弗戎（Sophron）与赫卡泰奥斯一样都是散文写作者。③

　　历史学最初并没有特别的名称，"ἱστορίη"这一术语当时的含义和后来所指的并不相同。可是，既然伊奥尼亚人使用了这个词语，我们就可以说它显示了将赫卡泰奥斯的散文（logoi）和史诗（以及正如我指出的，和卡德莫斯）区分开来的新元素。你们还记得荷马史诗里在一位"仲裁者"（ἵστωρ）面前如何展开了一场法律诉讼。④ "ἵστωρ"指擅长调查被控事实且确定真相的人，"ἱστορίη"即指这样的调查。我们知道后来的史诗诗人进行了一定数量的调查和比较，就这一点而言，他们为历史学的产生做了先导。但是赫卡泰奥斯《谱系》的序言却体现出历史探询的观念。他几乎像一位"审判者"

16

---

① "logographer"来自古希腊语"logographos"，直译为散文写作者（或散文作家），广义上包括文学、哲学、史学和科学等领域所有非韵文作品的写作者。在史学上用于指前希罗多德时代的（也包括约与其同时的）史话家，常译作"散文纪事家"。此外以代写演讲稿、诉讼词为业者亦作此称，此时可译作"演说辞作家"。

② "logopoios"和"logographos"两个术语由相同的词素"logos"分别与"poieo"（制作）和"grapho"（写作）合成，在含义上区别甚微。作为散文纪事家代表的赫卡泰奥斯在希罗多德书中被称作"散文创作者"（卷5,36章）。

③ 赫拉克利特（Heracleitus,约公元前535年—前475年）为以弗所哲学家，代表作为《论自然》。

④《伊利亚特》，卷18,500行。

那样尽心竭力地处理他的资料,努力地运用常识的尺规辨明真相。他的方法自然是经不住推敲的,然而就其目的和努力而论,他是一位先锋者。正如他所察觉的,散文是沿着他所开启的新道路前行的正确媒介。

17　　　散文的兴起很可能是历史学产生的一个先决条件。如果没有这个批判思想的新媒介的接载,历史学能破壳而出几乎是不可想象的。赫卡泰奥斯并非一定要用散文来写作。诗歌和散文仍然是劲敌,它们还没有明确划分出各自的领地。卡德莫斯用散文记载了米利都的建立,克塞诺芬尼斯却用韵文叙述科洛丰(Colophon)的建城。当巴门尼德(Parmenides)①诗句成行之时,赫拉克利特正用散文表达他的真知灼见。赫拉克利特是无与伦比、更加伟大的思想家,这一点并非无足轻重。在选择以散文形式写作这一点上,历史学的创立者展现了远见卓识。⁹

　　　赫卡泰奥斯在谱系上的创作使他成为一位神话作家,在地理上的著述又使其成为一名历史学家。他这两方面的活动对希腊史学的发展都产生了深远的影响,在史学发端的时候就预示了它的弱点和所长。希腊人在处理"古代"的历史时经常受到史诗的影响,荷马和赫西奥德从未丢失他们的权杖,早期希腊的历史研究至多不过是或多或少有所阐明、武断地进行合理化的神话诠释学。在另一方面,赫卡泰奥斯于地理著作中对波斯和东方的研究开创了
18　"现代"和"当代"史,希腊人在该领域取得了卓越的成就。

第三节　早期神话作家

　　　我首先从"古代"史讲起。赫卡泰奥斯的《谱系》很快就使这一

---

① 巴门尼德(Parmenides of Elea,约公元前 6 世纪后期—前 5 世纪中叶),古希腊哲学家,埃莱亚学派的创始人,著有诗作《论自然》。

题材上产生了新的著作。在下一代人中,居住于雅典的莱罗斯人斐瑞库德斯(Pherecydes of Leros)和阿尔戈斯人阿库西劳斯(Acusilaus of Argos)同样用散文体叙写神话传说,他们似乎在公元前5世纪中期以前就已经享有盛名了。这些作家无法获得历史学家的称号,他们只是神话作家,如此描述他们在任何时候都是适宜的。

斐瑞库德斯的著作以包罗万象著称。他因为各种原因修正了传说,却没有遵循任何系统的原则。比如,出于时间上的考虑,他让斐拉蒙(Philammon)而不是俄耳甫斯(Orpheus)①加入阿尔戈英雄的行列。为了把荷马和俄耳甫斯两位诗人关联起来,他捏造了他们谱系上的联系。在宗谱中插补新的联系是其典型手法,在这里他只是遵循了后期史诗诗人的原则和方法。如果斐瑞库德斯更改了一则传说,并不是要使之更为合理,而是为了符合普遍的迷信看法。按照以前的传说,阿波罗杀死了圆目巨人(Cyclôpes),因为他们为宙斯提供了击毁阿斯克勒庇俄斯(Asclepius)②的雷电。斐瑞库德斯说阿波罗杀害的不是圆目巨人而是他们的儿子,显然是要顺应圆目巨人仍在忙于制造雷电这一大众的观念。[10]我们可以说斐瑞库德斯是一位保守的传说整理者,其循规蹈矩的做法不但与赫卡泰奥斯革命性的方法截然不同,而且与阿提卡悲剧作家对传说更为自由的处理方式形成了对比。

在阿库西劳斯身上,我们能发现赫卡泰奥斯的影响。他在某种程度上未能抵御将传说进行合理化的诱惑。譬如,他无法接受宙斯可以自己变身为一头牛,因而认为带走欧罗巴(Europa)的只是宙斯派去的一只普通公牛,而非这位化身变形的天神。他把科尔

19

---

① 俄耳甫斯(Orpheus),传说中的歌手和诗人,其歌声据说能使鸟兽动容。
② 阿斯克勒庇俄斯(Asclepius)为阿波罗之子,医药之神。传说他可以使人起死回生而引起了宙斯的不满。

喀斯(Colchis)的羊毛描述成紫色的而非金色的,解释说是海水使其染色的缘故。比断断续续地向不大可能的事情让步更有意思的是他对特洛伊战争起因的重构。他自问为什么女神阿佛罗狄忒要与特洛伊人安基塞斯(Anchises)结合在一起。女神与一位凡人联姻,这样的事情需要有动机。他在一则神谕里发现了这个动机,神谕说一旦普里阿莫斯的王国陷落,安基塞斯的后代就能称王。阿佛罗狄忒企望自己的儿子埃涅阿斯长大成人之后颠覆普里阿莫斯的王朝,出于这一目的,她让帕里斯爱上了海伦。在海伦被带走后,她帮助特洛伊人,让他们不因失败绝望交出海伦从而保住普里阿莫斯的王位。根据库普里亚(Cypria)的说法,①帕里斯的评判是引发战争的初始原因。阿库西劳斯拒绝接受这一说法,而把战争归结于阿佛罗狄忒野心勃勃的筹算和马基雅维利式的权谋。这算是一种理性主义。公认的看法将一场宏大的行动归因于一位女神的虚荣心;阿库西劳斯保留了这位女神的活动,将其动机解释为政治上的野心从而把事件提升至更高的层次,这样他自以为使之变得更为可信了。

后来的作家赫拉克莱亚人赫罗多罗斯(Herodorus of Heraclea)相较于阿库西劳斯更好地继承了赫卡泰奥斯的方法。我们用一个例子就足以说明其神话创作的特点。根据传说,阿波罗和波塞冬为国王拉俄墨冬(Laomedon)修筑了特洛伊的城墙。按照赫罗多罗斯的说法,真实的情况是这样的:拉俄墨冬按照常规方式修建了城墙,但是用波塞冬和阿波罗神殿积聚的神圣财宝支付了开销。这个例子能说明赫罗多罗斯是如何解析神话从而把奇迹排除在外的。[11]

---

① 库普里亚(Cypria)是一部与特洛伊战争有关的史诗,为"史诗集群"之一,已经散佚。

　　总之，斐瑞库德斯的著作代表了对赫卡泰奥斯理性主义之保守的抵制。阿库西劳斯的编撰体现了在理性主义和保守主义之间的妥协，但非常倾向于保守一方。赫罗多罗斯不仅承袭了赫卡泰奥斯理性主义的方法，而且有所发扬改进。赫卡泰奥斯的著作推动了理性的发展，是批判思想发展中的一座里程碑，然而赫卡泰奥斯的方法并不能增进正确的知识。在赫罗多罗斯之外，它还为帕莱法托斯（Palaephatus）和欧埃麦罗斯（Euemerus）所继承，之后无果而终，我就不再追述它了。和神话作家相比，阿提卡悲剧作家对神话的批评更加有趣并且能予人启发——埃斯库洛斯进行道德说教，欧里庇德斯则对之提出了疑问。

第四节　早期的历史学家

　　有别于神话作家的历史学家赫卡泰奥斯开辟东方史的道路之后，立刻有两位后继者沿用了这一主题。兰普萨科斯人卡隆（Charon of Lampsacus）[12] 创作了一部波斯史，他至少写到公元前492 年一场阿托斯山的风暴摧毁了马尔冬尼奥斯（Mardonius）的舰队为止，但可能还记载了薛西斯的入侵，他与此完全是同一时期的。[13] 他的叙述或许只是寥寥数语，但是其书作为最早述及作者自己时代的历史著作之一，对历史著述的发展有着相当重要的意义。这一时期还有一位或与卡隆同等重要、主题亦与之相同的作家。米利都人狄奥尼修斯（Dionysius of Miletus）同样撰写了一部波斯史，其著作一直写到大流士之死，包括波斯军队在马拉松的溃败。不过他承接此书写了一部更有意思的著作，叫做《大流士统治续篇》（*The Sequel to the Reign of Darius*），讲述希波战争的事情。[14]

　　虽然卡隆和狄奥尼修斯的著作涵盖了希腊历史上非常重要的

事件,但是它们在形式上完完全全是波斯的历史。希腊最早写当代史的作家只是顺带地述及希腊,其主题则是征服了希腊部分地区并试图征服其全境的那个伟大的帝国。着手书写希波关系的作家把希腊和波斯的关系看作波斯历史的一部分,这有助于其主题的统一。任何尝试写希腊史的人都知道,写希腊任何时期的历史而不流于支离破碎是一件十分困难的事情,因为没有一个恒定的主旨或者确定的中心能把众多国家的行动和目标统一或关联起来。即便就波斯入侵的事件而言,尽管希腊大部分城邦的举措和动机各不相同,但这是它们能够万众一心的少数情形之一,叙事者追随入侵者的行军路线并把它们当作波斯史的一部分来叙述(纵然他们支持希腊),由此便利了对战争进程的梳理。这一著述方法是赫卡泰奥斯的遗产之一。赫卡泰奥斯的地理学著作促成了卡隆和狄奥尼修斯"波斯"史著的诞生,他极有可能是他们对伊奥尼亚起义前东方历史认知的主要向导之一。

关于狄奥尼修斯散佚的史作我还有一点评论。狄奥尼修斯是伊奥尼亚人,他写作的时候伊奥尼亚已经摆脱波斯的束缚加入了提洛同盟,面临将要依附于雅典的前景。在过去的一百年里,伊奥尼亚的历史在政治层面并不光彩。它先后受到吕底亚和波斯的征服,曾揭竿而起反抗波斯却以屈辱和失败收场,还被迫协助其主人企图奴役自由的希腊人。它在波斯和自由的希腊之间占据了一个不很体面的位置。因而伊奥尼亚人的看法与斯巴达人或是雅典人的看法肯定有所不同,伊奥尼亚人有理由感到他们的举动容易招致误解,他们自己的陈述会令其显得懦弱。无论如何,米利都人讲述的波斯大举入侵与苏萨①或雅典对同一事件的叙述在感情色调上会有明显的不同。我们有理由揣测狄奥尼修斯所写的这场战争

___

① 苏萨为古代波斯帝国的首都,在今伊朗境内。

的历史对伊奥尼亚人的自爱是有价值的,对获胜的希腊人则未必那么公正,而对波斯来说,很可能比一位针锋相对的雅典作家所叙写的更为公道。我们可以想象,伊奥尼亚人讲述的希波战争对雅典的忠实爱好者是一个挑战。我们将在下一讲中了解何以应对这样的挑战。

　　在早期历史学派中还有一位作家的名字我不能疏漏,就是卡里亚希腊人卡吕安达的斯库拉克斯(Scylax of Caryanda)。他受雇于大流士调查印度河的走向并出版了勘察报告。他还围绕其同胞穆拉塞(Mylasae)王子赫拉克利德斯(Heracleides)撰写了一部当代史。赫拉克利德斯与波斯反戈相向,在薛西斯入侵时帮助了希腊人。近来一份埃及的纸草使我们对赫拉克利德斯得以管窥一斑,其中包含了历史学家索叙洛斯(Sosylus)关于第二次布匿战争著作的一个片段。[15] 这个残篇涉及到一次海军行动,可能是公元前217年在埃伯罗(Ebro)河口进行的战役。作者通过与赫拉克利德斯某次行动的对比说明海军战术的运用,赫拉克利德斯在阿尔泰米西昂之战(battle of Artemisium)中的策略完胜腓尼基人。希罗多德没有提到这个情节(虽然他在其他地方提到过赫拉克利德斯),它很可能来自斯库拉克斯的著作。[16] 我们无法确定该著作在多大程度上可以被称为人物传记,但是至少作为我们所知的最早以个人为历史叙述中心的希腊著作,它值得引起注意。

　　或许这些早期的历史学家会被描述为易于轻信和缺乏批判,我们不应由此产生误解。在杰出的文学评论家哈利卡那索斯人狄奥尼修斯的时代,许多当时的著作仍然可见。他说他们的目的只是编辑出版传说和记载,"不有所添补或删减"。他赞许他们的风格清晰、简明且与主题相适宜,行文不粗陋或轻浮,也丝毫不矫揉造作。[17]

　　自赫卡泰奥斯发端的历史写作意识经过一段时间后从伊奥尼

亚传入毗邻的吕底亚境内,希腊文化在吕底亚最后几任国王时期已经渗透其中。吕底亚人克珊托斯(Xanthus)用希腊文写了一部自己国家的历史,他运用了当地的传说,还可能参阅了萨尔迪斯宫殿的铭文。[18] 但是在历史著述的发展中还有两位同样在公元前5世纪后半叶写作却更加重要的作家——叙拉古人安提奥科斯(Antiochus of Syracuse)和莱斯波斯人赫拉尼科斯(Hellanicus of Lesbos)。安提奥科斯撰写了一部关于西希腊人历史的著作。他调查了西西里和意大利早期的历史以及那里建立希腊殖民地的情况。至此他探讨的是起源的问题,早期历史学家从其史诗前辈那里继承了这一兴趣,他们利用地方传说补充和修正诗人的传奇故事。(史诗自身在这一题材上有一个后期的分支,就是哈利卡那索斯人帕努阿西斯公元前5世纪中期前后创作的关于伊奥尼亚城镇殖民的诗歌。)然而安提奥科斯的重要性在于他撰写了希腊世界一个重要地区的现当代史。写一部详尽的西部希腊史意味着向创作全面、完整的希腊历史迈进了一步。

莱斯波斯人赫拉尼科斯是安提奥科斯的同时代人,他为历史学的进一步发展指明并且铺平了道路,认识到他对希腊史学发展的重要性很有必要。人们通常把他和赫卡泰奥斯早期的后继者划为一类,因为他使用希腊语的伊奥尼亚方言,并且实际上涵盖了他们所涉及的所有领域。然而赫拉尼科斯开辟了新的领域,就像人们所说的,是希腊人历史传统的"奠基者"。他著述的题材广泛,涉及波斯的历史、蛮族的习俗、希腊的神话时代、亚洲希腊城市的起源以及希腊后期的历史尤其是雅典的历史。他的主要成就在于创立了系统的纪年方法,为后来的研究奠定了基础。

赫卡泰奥斯肯定已经注意到纪年的问题,他不但研究过希腊的谱系,而且研究过埃及和东方的历史。希腊人那时候还没有发明任何编年纪事的方法。正如我们所知道的,他们除了人名的列表——例如阿尔戈斯的赫拉女祭司、雅典执政官和哈利卡那索斯波塞冬祭司的名表之外，没有按年代时序排列的记录。这些名表上的名字能够提供事件确切日期的情况非常少见，例如梭伦执政官的任期同时又是其改革的时期。在这些非常匮乏的记录之外，唯一的资料就是谱系。它们提供了一个以世代来估算年代的非常粗略的方法。但是一个世代单位应该计算为多少年的问题让人困惑不已。最后，人们通常把三代人的时间估算为一百年，所以一个世代大约是 33 年。可是有迹象显示另一种早期的体系把一代人算作 23 年，[19] 这一规则会导致迥然不同的结果。此外，还有基于 40 年为一代的体系。赫卡泰奥斯对久远的古代大概通常以"世代"而非"年"作为其计时单位。但是对于"现代"史他有较为精准、有用的辅助材料。东方君主制国家有一个准确的使用国王在位年期的计算方法，按这一方式标注日期的事件记录得以保留下来。这些日期的确定立刻使希腊历史上的事件可以进行同期比较，同时也设定了若干标志性的时间点，比如萨尔迪斯的沦陷。不过赫卡泰奥斯对待年代学的方式不大可能比希罗多德更细心谨慎或是更具章法，其至关重要的意义直到后来才被人们所意识到。

赫拉尼科斯力图解决的问题是借助于谱系、类似雅典执政官表这样的名表和东方的纪年重构一部完整的希腊编年史。可能有人已经尝试过解决这个需要细致推测的问题。卡隆编纂过一本叫作兰普萨科斯《年代记》(Hôroi) 的著作。它通常被认为是卡隆故乡的地方志或是编年史。但是从此书的残篇来看其涉及的范围并不限于兰普萨科斯的事情。这一著作可能由年代记构成，以兰普萨科斯逐年上任的长官纪年，不过在记载当地的事件之外，也广泛记载了其他有历史价值的事件。我们可以在众多中世纪的编年史中找到相似的有方志性质同时又包罗万象的例子。譬如，帕德尔伯恩年鉴 (Annals of Paderborn) 主要记述帕德尔伯恩的事情，可是也

28

29

记载了整个西方帝国的历史。① 这仅仅是个猜测。[20] 不管怎样，即使受到前人的启发，赫拉尼科斯始创了一部思路被广泛接受并且对后来的年代研究进程有影响的编年史。他把阿尔戈斯赫拉女祭司的名表作为其希腊编年史的框架。[21] 他还编辑了一部专门的阿提卡编年史，其中的事件自然地按照公元前 683—前 682 年后的执政官年排列。这一著作原本写到公元前 411 年，伯罗奔尼撒战争结束以后作者又把它续写到公元前 404 年。[22] 它对事件的评述十分简短，却不乏某种政治色彩，流露出作者对雅典民主爱国主义的赞同态度。

我们无须仔细置评赫拉尼科斯的方法就足以断定他因为误解了神话传说的特点，把精巧宏大的建筑建立在脆弱的根基之上。即使是最完美的谱系也无法粗略地确定绝对的日期，谱系充满相互抵牾之处，必须通过武断的篡改和处理予以调和。而且新近的事件当时还没有记载下来，可能对编年史作者造成几乎难以克服的困难。举一个我们可以确定的例子，它能说明赫拉尼科斯的方法有多么危险。我们有幸复原了一段铭文，如果赫拉尼科斯参考过这段铭文的话，就会发现他所记载的一些军事事件发生在同一执政官任期，也就是公元前 459 年下半年到公元前 458 年上半年这段时间里。赫拉尼科斯对这一可靠的依据一无所知，他将这些事件分散于三个执政官的任期。[23] 而这些事件肯定发生在他自己生活的时代。他对希波战争之后 35 年的年代记载都是武断的，显示出在缺乏记载的情况下准确地纪年是多么地难以实现。我举的这个谬误让人想到另一个问题。雅典有众多官方镌铭并且日期标注准确的石碑，如果它们都保存下来的话，一个现代的学生可以轻

———————

① "西方帝国"为宣称继承西罗马帝国衣钵的法兰克帝国或德意志神圣罗马帝国。公元 800 年和公元 962 年，法兰克王国加洛林王朝的查理曼和德意志王国的奥托一世先后被加冕为"罗马人的皇帝"。

而易举又十分确定地写出一部精准的公元前 5 世纪的雅典编年史。然而赫拉尼科斯从未寻找过它们，大多数其他希腊的历史学家亦是如此。古希腊人在遇到这些记载的时候会运用它们，但是一般来说他们不会系统地寻找这类记载。难道是释读碑文的工作过于辛苦吗？值得注意的是修昔底德说自己引用的一段公元前 6 世纪的铭文写得"模糊不清"，可是此铭文现存的片断在现代的碑铭学家看来，在两千多年后依然是十分清晰的。

32

马哈斐（Mahaffy）在 25 年前断定希腊史在公元前 7 世纪以前没有完善精确的纪年。如果我们意识到早期编年史家所使用资料的性质和方法，以及其独出心裁的建构决定了公认的说法，我们很难对这一论断提出异议。[24] 公元前 7 世纪甚至公元前 6 世纪，正确的纪年寥寥无几。不仅如此，我们甚至难以断言在"三十年和平"之前，即公元前 445 年以前有任何清晰准确的编年史。

早期的历史学家没有意识到用一个确定的年代纪年是何等可取的做法，这是令人遗憾的。务实的罗马人从罗马建城开始就标注历史事件的年代。希腊人也可以用，比方说，薛西斯入侵的那一年。他们可以用"波斯人之前"（πρὸ τῶν Μηδικῶν）和"波斯人之后"（μετὰ τὰ Μηδικά）来纪年，就像我们记载自己的时代一样。但是最理所当然并且或许是最佳的纪年起点应为特洛伊战争。我们还不能肯定这一事件发生的真实年代，这并不重要，关键是要有一个确定的年代。我们的纪元也不是真正的基督诞生的年代，真实的日期是难以确定的，但是这并不影响传统纪元的效用。事实上，公元前 5 世纪的历史学家有时就用特洛伊战争作为一个参照时间来使用，[25] 赫拉尼科斯没有系统地采用这一计算方法是非常遗憾的。用长官纪年或祭司纪年的方法不仅笨拙，而且传达不出时间上的先后。我们应该看到，如果用从一个确定年代开始的基数表示日期，不仅在计算上更为简便，而且这些数字还为我们直观地提供了

33

清晰的历史视角。

赫拉尼科斯尝试解决非常棘手的事情，在技巧和方法上的缺陷显而易见，但是他构筑了一个应包含所有已知史实的编年体系的理想，所以应该得到肯定。如果他记载了许多错误日期的话，那么很可能他也挽救了一些正确的。

第五节　小结

综上所述：(1)古希腊人对其过往的历史研究源自史诗传统，是后期史诗诗人工作的延续。荷马和赫西奥德派诗人的传统自始至终发挥着影响。我们所谓的"后神话时期"或"历史时期"借由谱系与神话时期交叠在一起，希腊现有的家族与英雄建立血缘关系，进而与神祇在血统上关联起来。希腊人重构历史时过于倚重谱系，使他们难以把神话时代和历史时代截然分开。涉及这一题材的历史学家拘囿于品评细节和对奇迹进行合理化解读的工作。然而，(2)一旦古希腊人对神话传说的研究变得更具批判性时，他们的兴趣就扩展到"现代"历史和希腊之外国家的制度，这样他们就不在神话领域而在历史的领域里了。这场智力革命肇始于伊奥尼亚，主要是由波斯入侵以及随之而来的伊奥尼亚思想家与东方历史的接触引起的。伊奥尼亚科学的兴起不仅促进了批判精神，而且引发了人们对地理学的兴趣，伊奥尼亚新的政治地位为这一研究提供了可能，但主要是东方史这个新的视野促成了希腊历史著述的产生。希腊人从东方的"现代"史转而研究希腊的"现代"史。公元前5世纪前二十年与波斯的战争促使他们开始写自己时代的历史。并且，正如我在下一讲中会更充分显示的，他们对波斯帝国非希腊地区传说的了解，使他们对自己的神话传说有了新的批判意识。在古代史、现代史和当代史这三个领域及相关的地理学领

域,赫卡泰奥斯都是位先驱者,其独创性在于对非希腊世界的刺激
作出了回应。

　　赫拉尼科斯萌生了写一部希腊全史的想法并且为它的年代学
打下初步的基础。我们现在得从他的著作折返去考察一位比任何
我们先前提到的都更加伟大的作家的著作。我们讨论过的作家历
经岁月流转已经变得模糊不清了,却构成了伊奥尼亚璀璨的群星。
我们还要考察一位重要的明星,他自始至终光彩异常。下一讲的
主题将是希罗多德(勿称其为伊奥尼亚人)。

1　赫西奥德的《神谱》(*Theogony*)在人类"五个时代"的传说中包含了首个原始的文明史
　　观念,该传说显然派生于一个更加古老的四个时代的版本。用四种金属来命名四个时
　　代以表现人类的衰退是个奇特的想法,赫西奥德在最后一个"黑铁时代"前加入荷马史
　　诗的"英雄时代",对之有所改进。["五个时代"指黄金、白银、青铜、英雄和黑铁五个时
　　代,实际上出自赫西奥德的另一著作《田功与农时》。——译者]

2　关于这一点,马哈斐(Mahaffy)指出"在希腊早期历史上,所有权力的篡夺者都急切表明
　　自己有世袭的权利"(*Prose Writers*, i. 10)。

3　参见默雷:《希腊史诗的兴起》(*Rise of the Greek Epic*),第 162 页。

4　关于阿里斯泰亚斯主要的依据出自 Herodotus iv, 13 - 16(参见麦坎的注释)。此处提到
　　时间"240 年前"(第 15 章)显然是库兹科斯(Cyzicus)建城的时间(约公元前 680 年),由
　　此或可确定第四卷成书于公元前 440 年左右。对阿里斯泰亚斯生活在公元前 6 世纪的
　　猜测,可能是由于 Dionysius, *De Thuc.* 23 把他和卡德莫斯相提并论的缘故,但这不足
　　以支持这一猜想。

5　有人认为大约在与此同时,一位西希腊人莱吉昂的泰阿根尼斯(Theagenes of Rhegium)
　　正在尝试解读荷马的寓意。据 Tatian, *adv. Graecos* 31 所说,他在冈比西斯时代享有
　　盛名。Ven. to *Il.* Υ67 的评注(533 Bekker 编辑)显示泰阿根尼斯是第一个探讨荷马的
　　人,他采用了寓意解释的方式。对 Dionysius Thrax 的注释(Bekker, *Anecd. Gr.* 729)表
　　明他讨论过语法。

6　值得注意的是克塞诺芬尼斯写了两部准历史题材的史诗,以其家乡科洛丰的起源和第
　　二故乡埃莱亚(Elea)的殖民为主题,可是这两部作品都没有蛛丝马迹可寻了。如果能
　　了解他如何处理我们所熟悉的传说,那一定很有意思。

7　希罗多德对居鲁士由母犬养育的传说的解释,很可能来自他的地理著作。根据这一解
　　释,居鲁士是由一位名为"斯帕科"(Spako)的女子哺育的,而斯帕科在波斯语中表示犬
　　的意思。(Prášek)

8 关于卡德莫斯的主要资料有：Dionys. Hal. *De Thuc*. 23；Strabo i. 2. 6；Pliny, *N. H.* v. 31，vii. 56；Josephus, c. *Ap*. i. 2；Suidas, *subnomine*。斯特拉波和普林尼的文段表明散文的创始可归于卡德莫斯或叙罗斯人斐瑞库德斯（Pherecydes of Syros）。这自然是亚历山大里亚的研究结果。我们从狄奥尼修斯那里得知现存的一部据说出自卡德莫斯的著作很可能是伪作。我们可以认为它是伪作，但是其主题很可能是久已失传的原著的主题。因此，我认为我们可以相当肯定地接受苏伊达斯（Suidas）的说法（不管来源于伪卡德莫斯或是亚历山大里亚的资料），确信卡德莫斯叙述了米利都和整个伊奥尼亚的起源（κτίσιν Μιλήτου καὶ τῆς ὅλης Ἰωνίας）。我们还可以从狄奥尼修斯的著作推断卡德莫斯属于比赫卡泰奥斯早了很多的一代人。不管卡德莫斯或斐瑞库德斯谁先宣告了散文的产生，这必然发生在公元前 6 世纪上半叶，因为阿那克西曼德论自然的散文不会迟于公元前 550 年太久。参见 Gomperz, *Griechische Denker*，i. p. 41。

9 现有的残篇使我们无法领略他的风格。按照赫尔莫根尼斯（Hermogenes, *De gen. dic.* ii. 12）的说法，他的散文很有魅力，可是在行文上没有希罗多德那么仔细。

10 Wilamowitz-Möllendorff, *Isyllos*, 65. 斐瑞库德斯用似乎是克法洛斯家族（Cephalidae）的传说取代了史诗记载的克法洛斯（Cephalus）和普罗克里斯（Procris）的故事。Bertsch, *Pherek. Studien*, p. 2.

11 默雷的《希腊文学史》（*History of Greek Literature*）中关于赫罗多罗斯的部分很有意思，参见第 127 页以后。

12 他的《年代记》（*Hôroi*，见下文，第 29 页）似乎在公元前 465—前 464 年后发表。参见 Schwartz 在 Pauly-Wissowa 中的文章。我找不出任何证据能说明《波斯史》仅是《年代记》的节录。

13 从狄奥尼修斯 *Letter to Pompey*，3. 7 可以很自然地推断出这一点，其中提到"赫拉尼科斯和卡隆（与希罗多德）写了同样的题材"（Ἑλλανίκου τε καὶ Χάρωνος τὴν αὐτὴν ὑπόθεσινπροεκδεδωκότων）。（赫拉尼科斯《波斯史》的成书不可能早于希罗多德第 7 到 9 卷的创作）

14 希罗多德iii. 61 的评注（cod. B）保留了狄奥尼修斯《波斯史》的一个片段："（关于术士帕提吉泰斯）米利都人狄奥尼修斯说他叫做潘克苏泰斯"（ὁ μάγος Πατιζείθης）：Διονύσιος ὁ Μιλήσιος Πανξούθην ὀνομάζεσθαιτοῦτον λέγει），参见斯坦因（Stein）的 *Herodotus*（1869—1871 年编），vol. ii, p. 438。我之所以提到这个片断是因为穆勒（Müller）的 *F. H. G.* 没有提及。

15 维尔肯（Wilcken）编辑、解释及讨论过这一点，参见 *Hermes*, xli. , 1906，第 103 页以后。

16 关于这一著作，参阅 Gutschmid, *Kleine Schriften*, iv. p. 144 和 Wilcken，同上，pp. 125 - 126。Gutschmid 认为它肯定出自一部庞大的著作。

17 *De Thucydide* 5. 狄奥尼修斯按时间把历史学家分为三组：（1）卡德莫斯及相关的阿里斯泰亚斯；（2）欧革翁（Eugeon）、狄奥科斯（Deiochus）、欧德莫斯（Eudemus）、德莫克勒斯（Democles）、赫卡泰奥斯、阿库西劳斯、卡隆和麦莱萨戈拉斯（Melesagoras）（可能米利都人赫卡泰奥斯（Ἑκαταῖος ὁ Μ.）后面遗漏了米利都人狄奥尼修斯（Διονύσιος ὁ Μιλήσιος）；（3）赫拉尼科斯（Hellanicus）、达玛斯泰斯（Damastes）、克塞诺麦德斯（Xenomedes）、克珊托斯（Xanthus）和其他许多人（καὶ ἄλλοι σύχνοι）。公元前 450 年大约是（2）和（3）的分界线。公元前 200 年前后，在一场由罗德斯仲裁的萨摩斯和普里艾奈争端中有人援引了萨摩斯人欧革翁（Eugeon 或 Euagon）的著作（参见《大英博物馆希腊铭文》，cccciii. 109，

120)。狄奥科斯写了一部库兹科斯的编年史。关于德莫克勒斯，参见 Strabo i. 58 和
xii. 551；关于达玛斯提斯，参见 *F. H. G.* ii. 64 - 67。(阿)麦莱萨戈拉斯(A)
(melesagoras)名下的著作(*F. H. G.* ii. 21)是伪作，参见 Wilamowitz-Möllendorff,
Antigonos von Karystos，p. 24。

18 Gutschmid，*Kleine Schriften*，iv，第 307 页以后。

19 参见 Herodotus i. 7,22 代人等于 505 年。

20 为泽克(Seeck)的推测，参见 *Klio* iv. pp. 289 - 290。因为材料缺乏，我们无法推测欧革
翁所著萨摩斯《年代记》涉及的范围。

21 库尔默(Kullmer)第 52 页提到公元前 429 年的阿姆布拉奇亚-阿卡尔纳尼亚战争
(Ambracian-Acarnanian War)。

22 参阅 Lehmann-Haupt，*Klio* vi，第 127 页以后。阿波洛多罗斯使用了较早的版本。

23 只要埃弗罗斯没有按照修昔底德的意思进行更改，我们可以肯定地认为埃弗罗斯和狄
奥多罗斯对五十年期间的纪年依据的是赫拉尼科斯，因为修昔底德和赫拉尼科斯似乎
是公元前 5 世纪记载这一时期仅有的历史学家。狄奥多罗斯把埃及、哈利伊斯
(Halieis)、埃吉那和麦加拉的事件分散于公元前 460—前 459 年、公元前 459—前 458 年
和公元前 458—前 457 年；而我们从著名的埃瑞克提德石碑(Erechtheid stone, *C. I. A.* i.
433)得知，它们发生在同一执政官年(公元前 459—前 458 年)。

24 早期奥林匹克运动会获胜者名单由埃利斯人希庇亚斯(Hippias of Elis)创建，但是数据
并不可信。克尔特(A. Körte)最近讨论过这一问题(*Hermes* xxxix. 第 224 页往后，
1904)，确认了马哈斐主要的结论。

25 Herodotus ii. 145 接近段末。

第二讲　希罗多德

在上一讲中，由于主题的缘故，我们讨论的作品仅有残篇尚存，即便我们对其所属文献总的特点和价值有所把握，也只能通过揣测估摸出一鳞半爪。其作者已为后世遗忘了，文学或历史专业的学生纵然心有戚戚亦是力所难及。今天我们要讨论一部历经岁月却保存完好的作品。

关于吕克塞斯（Lyxes）之子哈利卡纳索斯人希罗多德（Herodotus of Halicarnassus）的生平，我们只能从他自己的叙述中得知一二。希罗多德出生在公元前 5 世纪初，由于受僭主吕格达米斯（Lygdamis）的驱逐于公元前 454 年之前离开了他出生的地方。吕格达米斯还杀害了他的堂兄——叙事诗人帕努阿西斯（Panyassis）。① 希罗多德显然在萨莫斯居住过一段时间，后来去了雅典，从雅典又前往意大利，成为新殖民地图里伊（Thurii）的第一批公民（公元前 443 年）。他在伯罗奔尼撒战争初期（公元前 431—前 430 年）[1] 仍然在世。我们得在这个简介中加入他的旅行，其行程遍布黑海、巴比伦、腓尼基和埃及，可能还有库莱尼（Cyrene）。② 我们没有必要讨论他旅行的年代，这一话题颇有争议。我唯一要说

---

① 帕努阿西斯（Panyassis）是公元前 5 世纪哈利卡纳索斯的叙事诗人，希罗多德的叔叔或者堂兄，代表作为 14 卷的《赫拉克雷亚》（*Heracleia*）。
② 库莱尼（Cyrene）是古代提拉岛的殖民地，在现在的利比亚。

的是他最重要的旅行,即到巴比伦和埃及的旅行,很可能是在他生命后期进行的,那时他是图里伊的公民。从被出生地放逐到迁居图里伊之间的时间他似乎一直在希腊,大部分时候可能在雅典,我们下面将会谈到,他在全心全意调查和写作薛西斯入侵的事情。有人认为,希罗多德晚年离开了图里伊,居住在雅典。虽然他在前往东方的途中或离开东方以后可能又访问过雅典,可是没有证据能让我们做此猜想。[2]

　　希罗多德史著的主题是叙述希腊人和东方国家之间的关系,时间从克罗伊索斯(Croesus)即位到公元前 478 年塞斯托斯(Sestos)被收复。对希罗多德来说,这的确是一部“现代”史。把全书分为九卷并非出自作者之手,因为这一做法在当时并不流行,它是由一位亚历山大里亚的编辑者完成的。这位编辑具有独到的眼光,他的分卷完美展现了该书的结构,其精准程度无以复加。然而九卷其实是以原来的三分法为基础进行了细分,[3] 如果注意到这一点,一切就会更加明晰。这部作品自然地呈现出三个部分,每一部分又包括三小部分。其中,第一部分包括居鲁士和冈比西斯的统治以及大流士的即位;第二部分叙述大流士统治时期的事情;第三部分记载薛西斯时期的事情。第一部分主要与亚洲和埃及有关,第二部分关于欧洲,第三部分关于希腊。第一部分展现波斯政权的兴起和成就;第三部分记述波斯陈兵于希腊;中间部分则二者互有胜负,波斯兵败斯基提亚和马拉松,希腊折戟于伊奥尼亚。九卷中的每一卷都有一个统领的主题,构成局部的统一。第一卷的主题是居鲁士,第二卷是埃及,第四卷是斯基提亚,第五卷是伊奥尼亚起义,第六卷是马拉松。第七卷叙述薛西斯入侵直到他在温泉关(Thermopylae)的胜利;第八卷记萨拉米斯(Salamis)的转机;第九卷叙述希腊在普拉泰亚和米卡尔角最后的胜利。唯独第三卷的统一性不那么明显,但是也有一个中心的话题就是让大流士登上王位的宫廷政变。这样,整部作品的统一性明显地体现在三部分之中,每一部分又是三层次的构造。[4] 这种结构的简洁和均衡在技艺上完美绝伦,并不让人觉得造作、刻板或者拘泥于形式。作者虽然以离题而著称,可是他具有一种罕见的才能,能够选择最佳的并且可能是唯一适合的地点去安插他想使用的松散的材料。他的离题也很难不让人侧目。

希罗多德的作品尽管在结构上浑然天成,但是最后实施的写作方案却好像并不是一开始就规划好的,全书的浑然一体并非按照希罗多德最初的设计实现,而是通过他后来的思考逐步形成的。有许多内在的证据足以表明最后的三卷早于前六卷写成,有迹象表明他在公元前 456 年到公元前 445 年之间,在其旅行之前就撰写了这一部分。[5] 我们自然会推想他原本只打算写一部薛西斯入侵的历史,在旅行的途中又形成了写一部鸿篇巨制的想法,决计将"薛西斯的入侵"作为作品的终篇。这一想法无疑是逐渐形成的,前六卷也不是按照它们现在的顺序写成的。然而作者具有高超的技艺,我们只有通过细致入微的分析才能发现后三卷创作在先的蛛丝马迹,[6] 得以明白希波战争才是其写作的最初动因。

扩充原先的史著、使其更为丰富完整的想法在某一时刻应运而生。不管这是因为希罗多德受到旅行的启发,还是他因此而成为一位旅行家,这一想法肯定与他的旅行密切相关。扩充著作的一个最突出的表现就是插入了大段的地理描写。

在希罗多德的著作中,地理学的成分如此明显,写地理的段落如此之长,以至于有些评论家认为其中相当一部分最初是为了一部地理志而创作的,后来才被收入他的历史著作中。这样的假设并没有什么证据和说服力。希腊人早期历史文献的一个特点就是和地理学交织在一起,希罗多德的离题表明他受到赫卡泰奥斯派的影响。倘若历史学家本人又是一位旅行家,那么离题在所难免。

值得注意的是希罗多德在写埃及和斯基提亚的时候，这两个最长的历史地理插话的主题对雅典人有特殊的、现实的吸引力；在希腊公众当中，这位历史学家精心创作的目的无疑是要引起雅典人的兴趣。我只需提醒你们公元前 5 世纪中期雅典人在埃及的历险以及伯里克利在黑海的航行。有人甚至推测这次伯里克利远征（公元前 444 年）正是希罗多德访问黑海地区的时候。不管怎样，从这些插话来看，埃及和斯基提亚在希罗多德写作的时代契合了人们政治上的兴趣，它虽稍逊于希腊人对波斯的兴趣，但的确是存在的，这一点并非微不足道。

　　还应该注意的是，一般来说，题外插话都是有创作缘由的。它是史诗的特征，是经过精心策划的，[7] 是这部作品所体现的史诗的特点之一。荷马是希罗多德的文学老师；作为第一位伟大的散文大师，希罗多德没有任何明显模仿他的痕迹，却研究并掌握了荷马的真谛。通过离题，他把作品变得像史诗一样丰富多彩。杰出的文学批评家狄奥尼修斯的评论一语中的："希罗多德知道如果在同一个主题上毫无中断，每一回长篇大论就会令读者的耳朵生厌；反之，如果时时有所中断，读者就会觉得愉快。因此他想要效仿荷马，让他的作品变得多姿多彩。一旦我们拿起他的书作，我们就从头到尾爱不释手，总是还想读得更多。"[8]

　　希罗多德除了使用离题和插曲使他的作品丰富起来之外，还汲取了史诗的另一种特征，这一特征也是史诗所特有的。这位历史学家像荷马一样让他的人物开口讲话，他不仅引用短小、直截了当的对话，而且插入长篇的对话和演说。例如，在议事会做入侵希腊的决定之前，薛西斯、马尔冬尼奥斯和阿尔塔巴诺斯（Artabanus）各自在议事会发表了演说。我还能回想起梭伦和克罗伊索斯的对话、薛西斯与阿尔塔巴诺斯和德玛拉托斯（Demaratus）的交谈，还有斯巴达人在考虑敦促雅典恢复庇西特拉图家族统治的政策时，科

42

43   林斯使者发表的演说。[9]希罗多德在科林斯使者的演说中插入了一段很长的科林斯史,这的确是毫不相干的。倘若他因此被指控滥施技巧的话,他可以诉诸荷马史诗中弗埃尼克斯(Phoenix)和奈斯托尔(Nestor)的对话。这个例子表明在言辞引用方面,希罗多德受到伊奥尼亚史诗而非雅典戏剧的影响。我们无法确定是否有更早的散文作家采用过这一方法以达到场景鲜活、作品生动的效果。我们所拥有的赫卡泰奥斯的残篇太有限了,但是我还是能指出他的作品中至少有一个地方有一个人物是发表过言论的。[10]

　　希罗多德所具有的荷马特质让其史著感染上了史诗的风格,这与其目标——写一部像荷马史诗那样令人着迷的作品是正相符合的。希罗多德想让他的听众或读者对自己的作品兴趣盎然,如同荷马影响古代世界那样用散文影响他的时代。我们不知道先前的散文家在多大程度上追求其作品生动有趣或引人入胜,[11]也不知道史诗是否影响了他们表达的方法。但是我们可以肯定地说,希罗多德是第一个意识到"现代"史可以在精神上和式样上效仿史

44   诗——荷马史诗而非赫西奥德史诗——的人。

　　希罗多德的主题是希腊和东方的斗争,展现两种不同类型的文明和两个性格及政体迥异的民族之间的接触和碰撞,对他来说,这比希波战争的政治结果有更深的意义。在其著作的最后一部分,也就是叙述波斯和希腊最后决战的篇章,蛮族的奴隶制与希腊人的自由、东方专制与希腊宪制之间的对比强烈地体现出来。而希腊文化和东方文化的对比更是贯穿了全书,它使全书于外在主题统一的同时,具有了更为深刻的内在含义的统一。这正是希罗多德史著之要旨所在。题外插话和行文中穿插的故事除了因其本身富于趣味和具有史诗般令人愉悦的停顿用途之外,也有强调这一主旨的作用。它无须强调或反复就能极大地加深读者对这种对比的印象。例如,克罗伊索斯和梭伦的会面就有力地体现了这一点。

他们一个是自信的东方统治者,另一个是能够深思和自制的希腊人。大部分东方和希腊的故事都用来暗示这种对立,它在东方和希腊最后的碰撞——希波战争中发挥到了极致,这一部分希罗多德写得格外用心。

　　希罗多德的作品由于贯彻这一主旨而具有了文明史研究的特征。正如荷马史诗提供了一幅宏大而又生动的古希腊文化图景一样,希罗多德的史著也为我们展现了公元前 6 世纪希腊文明的全貌,并且描述了所有直接或间接与之相关的东方民族的文化。

　　如果希罗多德的著作是一部文明史,我们也可以说它具有某些"普世史"的特征,虽然它在时间和空间上并不包罗万象。在时间上,它并不试图回溯太多的希腊历史,只是偶尔才涉及古代。在空间上,它对西希腊人几乎只字未提,也没有谈及赫卡泰奥斯也会提起的西地中海民族。可是如果从另一个角度来说,它却具有更高的我们所谓"普世史"或"世界史"(Weltgeschichte)的特征。它把一个特定范围里相联系的各个民族的历史交织起来叙述使其不再孤立,并且使人们认识到它们在人类共同的历史上或多或少都是有意义的。在其主题所确定的那个范围里,希罗多德的包罗万象是无懈可击的。他的书可以作为整体史的一个范例——尽管他从来也没有这样的意识。

　　虽然希罗多德不讨论英雄时代的历史,但是他频频提到神话传说,在这里明显表现出怀疑论者的倾向。这并不是说他在涉及神学时大体上是个理性主义者,或是他有什么清晰、连贯的哲学观点。他认为人生是处于神的掌控之下的,他们因忌妒、复仇或义愤施行无常的统治;他们在一定程度上按照正义和报应的原则行事,还会通过神谕、征兆或梦境的方式向人类予以启示。可是希罗多德不接受神与人之间更进一步的联系,不接受任何所谓近代发生的奇迹,尽管他从不持什么教条。他的怀疑主义还没有强大到可

45

46

以否认史诗描绘的神与人的交往或是神孕育了人类后裔,在其观念中,神与人之间的界限并不截然分明。然而把这些事情所发生的年代尽可能地提前,对常识和日常经验已经是莫大的安慰了。据说当代人的祖先,大约在 15 或 20 代人之前,在一些奇迹传说中或多或少扮演了一定的角色,希罗多德对所有这些奇闻轶事明显表示出怀疑。他认可谱系,却不相信珀尔修斯(Perseus)①或赫拉克勒斯(Heracles)是神祇子嗣。赫拉克勒斯是安菲特里翁(Amphitryon)之子,海伦是图恩达琉斯(Tyndareus)之女。希罗多德有时也讲述传说或是有神力介入的故事,但是他从不承担任何创作责任,而且时有微妙的讽刺。他提到色萨利人的一个传说:潘内奥斯河(Peneius)入海流经的峡谷是波塞冬造成的。"他们的说法貌似有道理;任何相信波塞冬震撼了大地并造成地震裂缝的人,只要一看见这个山中的峡谷,就会认为它出自波塞冬之手。因为在我看来,它是一场地震的结果。"吉本大概是从希罗多德和帕斯卡尔那里学到了反讽的艺术。再回想一下希罗多德提到那条据说居住在雅典卫城上的圣蛇时是如何谨慎得令人叹服:"雅典人说有一条大蛇住在圣殿里当卫城的守卫,他们像对待真实存在的生物(ὡς ἐόντι)一样每个月为它提供一块蜂蜜蛋糕。"这样他自己就不用担负任何责任了。

　　虽然希罗多德只接受经验让他认可的事情,但是不管怎样,正如我所说,他没有从理论上清楚地划分人与神的界限,并不认为神祇一度在人间现身活动并且与人类结合是荒诞可笑的。那么,他为什么又要否认赫拉克勒斯和珀尔修斯这样的英雄有神圣的血统呢?理解其怀疑主义的成因很重要——他的怀疑态度来源于赫卡泰奥斯。我在第一讲中涉及过这一点。这并非出于伊奥尼亚科学

---

① 珀尔修斯传说是宙斯和达娜厄的儿子,他杀死了蛇发女妖美杜莎。

的原则或是受伊奥尼亚哲学之影响,而是因为比较神话学的研究,它为赫卡泰奥斯打开了一个新的世界史的视角。希罗多德追随这位米利都旅行者的足迹对埃及进行了研究,从而知道早在神祇时代到来之前,人类的历史已经在那个国家绵延了数千年。例如,埃及人有一个与赫拉克勒斯对应的神,他们认为从他出现在埃及开始已经过去了 17,000 年。因此,希罗多德采纳的结论是:古代有一位神是赫拉克勒斯,但是他必须和安菲特里翁的儿子、赫拉克利戴人(Heracleidae)①的祖先明确地区分开。[12] 按照希腊的说法,众神在八九百年之前还在人间出没,这是不可能的。即使不接受比较神话学研究的成果,设想一下,当埃及处于一个只有人类的平凡时代,希腊却充斥着众神和奇迹,这也是无法接受的;而埃及的说法却有据可循。这一论证推翻了被普遍接受的英雄时代诸神纵横的神话。

希罗多德能接受这一观点值得称道,因为当时斐瑞库德斯等作家就对此充耳不闻。可是如果希罗多德请神明和英雄们原谅他的无礼,这并不意味着他会踌躇或是不情愿,不过只是表面上做做样子罢了。他像一位基督教布道者有时所做的一样,在发表一通极端的异端邪说之后,又宣布效忠于正统的教义。希罗多德对双方都十分彬彬有礼,或许带有嘲弄的意味。他对神和英雄们如此说道:"请不要对我愤怒——如果你们存在的话。但是现在,你们知道,我必须得作出判断。"在另一方面,他对不相信神谶的异教徒说:"我知道你们会认为我太轻信了。但是在这件事情上证据如此确凿,导致我无法拒绝它。"[13] 然而,我所说的神话方面的论断并不出自希罗多德本人。他可能用自己的方式叙述,又添油加醋一番,可是正如我说过的,他的论断来自于赫卡泰奥斯。人们早就发现,

49

———————————

① 据称是赫拉克勒斯的后代。

他对埃及的叙述并不是广泛收集自己观察和研究成果的原创作品,而在很多地方都照搬了赫卡泰奥斯在《大地纪行》中的叙述。希罗多德访问埃及时无疑带着赫卡泰奥斯的著作,它就像一份律师盘问证人的摘要,他以此向神庙祭司问询从而引导调查的进行。即便有一些修改和增补,也是建立在那位伟大的伊奥尼亚人的基础之上。希罗多德对此缄口不言,他没有向赫卡泰奥斯表示过亏欠。这是因为,正如你们所知道的,古人在文献使用责任上的看法和今人不同。指明文献出处并不是通行的做法或成规,除非是某些特殊的原因,比方说,要进行评论或是显示你的学识;如果剽窃了他人的作品而不指出其姓名,你也不会被视为抄袭者。赫卡泰奥斯曾用"埃及是大河的赠礼"这一令人印象深刻的措辞来表达尼罗河的重要性,希罗多德借用了这个说法,仿佛是他自己的语句一样。最能显示抄袭的力证之一是两人连出现的谬误也一模一样。赫卡泰奥斯曾在河马上出过差错,希罗多德又在这上面重蹈覆辙。在有关埃及的部分,我们可以在许多地方找到这两位作家之间的联系。至于神话,更是毫无疑问,因为希罗多德在这里提到了赫卡泰奥斯。"赫卡泰奥斯在底比斯时对祭司们讲述了他的谱系,说他的十六代祖先可以追溯到一位神灵。祭司们对他做的事情与对我所做的一样,虽然我没有告诉他们我的家世。他们带他到神庙的殿堂,向其展示了大祭司的木制雕像。大祭司的职位父子相传,每位大祭司在世时就为自己建造了雕像。这样的雕像一共有 345 座,他们用这样的世系与赫卡泰奥斯的家系形成了对照,可是他们的谱系并不发轫于一位神或英雄。"[14]

作者在这里指出前人姓名的动机显然是要嘲笑他"泄露了自己的情况",把自己的家世和神圣的血统都告诉了祭司。他的言下之意是"我没有这样轻率"。但是我们无法推断赫卡泰奥斯尚未得出希罗多德阐述的那些怀疑的论断。赫卡泰奥斯在《谱系》里使用了怀疑的措辞，说明他对埃及神庙里学到的历史功课并没有充耳不闻。他说"希腊人的说法是荒谬的"，而不说"诗人的故事是荒谬的"，这样的措辞说明他曾将希腊人的和非希腊人的说法进行过对比。在希罗多德笔下经常出现希腊人的说法和波斯人、腓尼基人或埃及人的说法不一致的情况，我认为他效仿了赫卡泰奥斯。[15]我们还有一个证据。希罗多德援引埃及祭司的说法，用距阿玛西斯（Amasis）的统治有多长时间来计算神的时代。鉴于赫卡泰奥斯是在阿玛西斯逝世后不久访问埃及的，这样的纪年方法表明希罗多德照抄了赫卡泰奥斯的叙述。

52

我们在希罗多德著作开篇的段落就能找到怀疑主义的论调，或许可以说是典型的伊奥尼亚怀疑主义的论调。它一开始就陈述了一个观点：希腊人和波斯人的战争是亚洲和欧洲长期对立的表现，我们英国的历史学家弗里曼（Freeman）喜欢称之为"永恒的问题"。作者表述的要旨至少可以用摘要的方式加以阐述，我可以将其缩写如下："争执是这样产生的——腓尼基商人从阿尔戈斯抢走了国王的女儿伊奥（Io），于是希腊克里特的冒险家从推罗劫走了公主欧罗巴。接下来的挑衅来自希腊这方，阿尔戈英雄从科尔喀斯抢走了美狄亚；亚洲对这一暴行的回应是帕里斯掳走了海伦。随之而来的特洛伊战争激化了亚洲对希腊人的敌对情绪，希波战争是这一情绪最终爆发的结果。"然而这一看法并不是希罗多德提出的，他推掉了所有的责任。希罗多德告诉我们这是波斯人的理论，他之所以叙述它仅是为了不无嘲讽地置之不理。

53

整个章节读起来就像是一个希腊人和一个波斯人友好地就希波战争的责任问题交谈的节略。毋庸置疑，战争的侵略者是波斯人而非希腊人，居鲁士对伊奥尼亚的征服是希波战争的开端。波斯的支持者要想洗脱它对亚洲的罪名，只有往前追溯才行。我对二者争论的摘要没有传达出它的风格，下面我冒昧地把它变成一个对话的形式。

> 波斯人：希腊人无权插手亚洲的事务。他们属于欧洲，就应该待在那里。他们由特洛伊远征开始了对一个属于亚洲民族的大陆的侵犯。波斯人正是亚洲民族的继承者。
>
> 希腊人：哦，但是你忘了在那件事上特洛伊人才是冒犯者，帕里斯掳走了海伦。
>
> 波斯人：那才不能算作理由呢；纵然如此，帕里斯所做的不过是要报复希腊人抢走美狄亚和欧罗巴的罪行。亚洲人很聪明，他们才不会让这样愚蠢的私奔成为战争的原因（causa belli）呢。
>
> 希腊人：好吧，要是你想翻旧账的话，那就再往前翻吧。那你们从阿尔戈斯抢走了伊奥又该怎么说？
>
> 波斯人：嗯，我承认，那是腓尼基人干的，我们波斯人得承认腓尼基人先干了坏事。不过我们认为你们确实也有责任，你们愚蠢地太把这件事情当真。只有傻瓜才会为这样的举动发动战争呢。世上的人都知道，如果这些女人被劫走了，她们才不会那么不情愿呢。[16]

显然，这是伊奥尼亚才智虚构出来的一段对话。这场争论讨论的都是希腊的传说，其性质表明波斯人是一位虚构的辩论者。把这个理论归于波斯人，是巧妙地运用了伏尔泰式的文学手法。尽管希罗多德对这个古代恩怨说不屑一顾，但是他好像又信以为真。"不管我们怎么看待这一切，"他说，"我会从第一个对希腊行不义之事的东方君主克罗伊索斯开始，他毫无缘由地征服了伊奥尼亚。"不过他应该在作品前面加上一段能让神话传说显得荒谬的推断，这是十分重要的。

我讨论的这个段落显示了希腊思想中机敏善辩的倾向,它在智者运动①时发展到极致。还有几个这样的例子,譬如尹塔斐尔尼斯(Intaphernes)之妻的故事。她决定救她的兄弟而不是丈夫或孩子,原因是后两者都可以有替代,而她却不能再有一个兄弟了。这是一个精明的伊奥尼亚式狡黠,没有理由认为它是智者时代的发明。再看看大流士是如何印证习俗的力量的。他问一些希腊人怎样才能让他们进食自己死去的父亲,令其大惊失色;然后又问一些以食过世父母为风俗的印度人,怎么样他们才能火葬父母,同样令其惊恐不已。习俗有巨大影响力的论断可以追溯到七贤的时代。希罗多德曾经援引的品达称习俗是万物之王,这一观点后来成为智者学说的基础。希罗多德引用的故事是个有力的伊奥尼亚式例证。

55

著名的七个推翻伪斯麦尔迪斯(Smerdis)的波斯人比较民主制、贵族制和君主制优劣的讨论,也属于前智者时代的思索。它显然是虚构的,因为这场讨论更适于发生在希腊世界,而不是波斯。但它不是希罗多德杜撰的,因为他特意提到(虽然他一贯谨慎地避免自己承担责任)尽管有些希腊人认为难以置信,但是这些意见的确出自波斯贵族之口。这位历史学家对此信以为真,正如他相信那些讨论传说中美女被劫走的插科打诨一样。毫无疑问有某位政论家将他对政体优劣的思考演绎为历史情境的讨论了。三种基本政体的区分早于智者时代,它在公元前 473 年之前品达的一篇颂诗里有所体现,那时候可能已经是老生常谈了。[17] 我们觉得还需要

56

---

① "智者"(sophists)也称"智术师",用于指自公元前 5 世纪起希腊出现的一批职业哲学家、演说家和教师。他们对辩证法、辩论术和修辞法多有研究,在各地进行游历和讲演,教授演讲和辩论的技巧、政治及诉讼知识并且取得一定的酬金,代表人物有普罗塔格拉、高尔吉亚和安提丰等。"智者"以精彩巧妙、似是而非的辩论闻名,后来被批评为不惜巧言歪曲真理、强词夺理达到目的而演化出"诡辩者"的贬义。公元前 5 世纪和前 4 世纪在其倡导下引发一系列思想和社会的变革,史称"智者运动"。

了解一些公元前 5 世纪上半叶的文献。

这些段落有一个共同之处：希腊的思想和观念被移植到东方的背景下或者与波斯的历史产生了关联。它们无疑源起于伊奥尼亚,[18] 显露了伊奥尼亚人对其统治者自然天真的兴趣。可以看出,希腊人在思考一个他们并不很了解的世界时,会本能地把那个世界幻想得更为有趣和合人心意。[19]

但是我必须回到希罗多德的怀疑精神上来。我注意到在荷马时代之后的历史时代,希腊人创作神话的才能并没有沉睡,不过现在神话采用了逸闻野史的形式,用德国人的话说,变成了"历史小说"（historische Novelle）。古希腊人在这里展现了高超的技艺,他们创作的故事有历史背景、历史人物和历史动机,许多故事因为蕴含着处世智慧和人生感悟而具有永恒的价值。与以往神话不同的是,这些故事不仅关注品行教益,而且在大多数情况下并不违背自然法则,虽然它们可能含有离奇的巧合、所谓的通灵或不可能发生的政治事件。希罗多德的作品遍布着许多这样的故事,他有极好的讲故事的天分,讲述逸闻趣事时亲切文雅、喋喋不休的风格也是吸引天南海北众多读者的魅力之一。吉本对希罗多德"有时候写给儿童,有时候写给哲学家"的评价十分贴切,他讲的逸闻趣事经常令二者都着迷不已。希罗多德通常对这些故事信以为真,直到不久之前人们还相信大多数故事都确有其事。克罗伊索斯和梭伦会面的故事之所以被认为是虚构的,只是因为二者似乎在年代上不符。[20] 然而我们现在愈发怀疑这种动听的故事,我们看到它们是怎样频繁地依托古代的主题被创作出来或者穿插进适于历史情境的主题里。克罗伊索斯火葬的故事来源于亚述神桑旦（Sandan）的火葬,是一个更新版本的萨尔旦那帕洛斯(Sardanapalus)①传说。波吕克拉提斯指环的故事也有在鱼腹里寻找遗失物品的古老渊源,它对波吕克拉提斯的含义不久前刚刚被解释清楚。把指环扔进大海象征着制海权,与此类似的还有巴库利德斯(Bacchylides)诗中忒修斯在安菲特里特(Amphitrite)②厅堂里寻找的米诺斯指环,重获指环对海洋的统治者是至关重要的。[21]

希罗多德是这一后来的历史神话体裁上的荷马,其作品中超自然的部分包括神谕、梦幻或非同寻常的巧合。它们符合他对可能的和可信的摇摆的标准,但一般来说,他拒绝接受不合自然法则的事情。譬如,他断然拒绝相信雕像采用了坐姿。[22]希罗多德翔实记载了有人在水下潜行了数英里的故事,而他个人的观点是那人是乘船前往的。[23]

德尔斐从波斯人手中奇迹般获救的故事[24]或许可以说明希罗多德并未很好地界定可信的标准。德尔斐祭司得到的神谕是神会亲自保卫其圣殿的安全。当波斯人入侵的时候,他们遭遇了雷电和帕尔那索斯(Parnassus)山上滚下的巨石,③损兵折将,不战而溃。希罗多德在叙述这些事情的时候虽然强调它们匪夷所思,但是没有丝毫的质疑。现在你们知道在所谓的自然事件中什么都可能发生,机缘巧合和神谕的应验都会引发奇迹。希罗多德对这一类奇迹并无成见。然而据说此时还发生了另外一件不可思议的事情。神殿里保存着一批神圣的武器,它们非常神圣,人类是不许碰触、不许亵渎的,这些武器突然被发现堆放在神庙前面。理性主义者,

59

---

① 萨尔旦那帕洛斯(Sardanapalus)据希腊作家说是亚述最后一位国王,在位时生活奢侈,敌军入侵时引火自焚。
② 安菲特里特(Amphitrite)在希腊神话里为海中仙女,海神波塞冬之妻。
③ 帕尔那索斯山位于希腊中部,科林斯湾的北面,阿波罗的崇拜圣地德尔斐在其山麓。

如欧里庇得斯,会认为这样的事情有可能发生。希罗多德把这件事当作是真正的奇迹,丝毫没有怀疑它可能是人为的联想——尽管这不符合德尔斐的谶言。值得注意的是,与之相比,他认为击溃波斯人的自然力量更为神奇。如果我们要评论武器转移这样的现象(设想它确有其事,且并非人为),我们会认为它比闪电风暴更非同寻常,因为后者无疑是极大的巧合。[25] 在这里,希罗多德实际上没能区分何者是依据自然法则不可能的事情。事实是无论他相信或怀疑,都是依靠自己的直觉,他自己从来没有解决这一问题,从来没有清楚地划分可信领域和不可信领域之间的界限。所以在这段叙述中,他还没有展现自己界定可信事件的依据,就又退回到有所保留中去了。还有另外一件奇迹值得一提。据说有两个神一般模样、全副武装的勇士追逐逃窜的波斯人,在其混乱的阵列中奋勇杀敌。但是希罗多德谨慎地避免承担这个故事的责任。他声称这是波斯人说的,以"正如我所听说"的言辞显示自己有据可依,还补充说德尔斐人证实这两名战士是当地的英雄。

希罗多德的轻信(naïveté)和怀疑态度的对比令他的叙事刺激而又有趣。他时而轻信,时而谨慎地有所保留,当他知道一件事情有好几种说法时,这表现得尤为明显。他很擅长不承担责任的艺术。他在一段文字里写道,"我必须叙述我所听到的,可是我却未必相信"。[26] 对扎莫克西斯(Zalmoxis)在一个地下室居住了三年的故事,他表现出不可知的态度,"我既不拒绝又不完全相信它"。[27] 他偶尔对一个故事进行批判和否定,例如对阿克迈奥尼德家族(Alcmaeonids)在马拉松被指控叛国罪的事情,然而通常的做法是陈述不同的说法,然后就置之不顾了。对一位现代评论家来说,这种做法比选择一种说法或者把不同的说法掺杂在一起更令其满意。可是这使希罗多德更像是一位历史资料的收集者和精于组织、陈述材料的艺术家,而不是我们所谓的历史学家,后者以审查证据和尽可能筛选不同的说法为己任。

　　尽管希罗多德不是土生土长的伊奥尼亚人,我们却很容易把他当成伊奥尼亚人。他使用伊奥尼亚方言写作,其著作受伊奥尼亚历史学家的影响之深远胜于我们表面上能看到的,所以他不能被排除在伊奥尼亚历史学家的派别之外。然而要是知道自己被描述为伊奥尼亚作家的话,他会愤懑不已的。他极力撇清自己与伊奥尼亚的联系和利害关系。在记述伊奥尼亚起义和伊奥尼亚人在希波战争中的作用时,他几乎毫不掩饰自己对这个——用他的话说——再三被奴役的民族的轻视。他告诉我们"伊奥尼亚"这个名称"没有什么好名声"。他仔细记载了斯基泰人的意见,说伊奥尼亚人是世界上最胆怯、最懦弱的民族,[28] 自己则未置任何评论。他经常借机批评伊奥尼亚作家的看法。我觉得我们可以说,这种敌对的态度并不完全因为或主要因为他出生于属于多利亚的哈利卡那索斯。他的确强调多利亚和伊奥尼亚的差别,然而其反伊奥尼亚的态度植根于伊奥尼亚种族自身——雅典人和亚洲的伊奥尼亚人的区别。我们知道他在去意大利之前居住在雅典,与雅典的联系在他的政治观点上打下了烙印。他是雅典人热情的崇拜者,对他们的帝国充满了好感和热忱。他参与他们殖民图里伊的尝试,成为一个雅典子城邦的公民。然而即使我们不了解这些与其政治态度相关的背景,其作品也充分表明了他的政治倾向。不单是对马拉松战役的记述,整个对与薛西斯战争的叙述都平添了雅典的荣耀,逢迎了雅典人的自豪感。实际上,全书主要从雅典人的立场出发,虽然并非全部,但是绝大部分反映了雅典人的观点。希罗多德常常讽刺斯巴达人和他们在战争中的作用,例如,他们总是因为节日庆典姗姗来迟。而他对科林斯人的记载几乎是心存恶意了。倘若故事从有利于斯巴达的角度来写,又会呈现十分不同的情形。即便当时没有亲斯巴达的历史学家,有一个极好的事例也能够说明斯巴达和雅典一样,是真正英勇无畏的。[29] 此外,希罗多德还伺机把传说中雅典谋求希腊霸权的时间提前至希波战争的时候。[30]这在年代上是错误的。那时斯巴达是公认的领袖和主宰,雅典是伯罗奔尼撒同盟的成员,尚未开始对霸权的争夺。因此这是把后来的事情提前所造成的,因政治的缘故扭曲了历史。希罗多德提供的当时雅典人索要霸权的理由正是雅典葬礼演说中阐述及证明雅典帝国合法性的旧调陈词。在伯里克利为萨莫斯战争(公元前439年)中牺牲的公民宣读的悼文里,这些出自神话和历史的理由无疑被编排在一起;据爱德华·迈耶(Eduard Meyer)推测,希罗多德当时也在场倾听了这次演说。这不无道理,因为演说者使用了一个有名的、生动的比喻,把牺牲的战士比作一年中逝去的春天。我们发现这位历史学家也使用了同样的措辞,只是改变了上下文的情境。[31]

喜爱公元前5世纪三四十年代的雅典帝国意味着钟爱伯里克利——雅典政策主要的推动者。希罗多德对伯里克利的青睐体现在唯一一段有关他的文字里,其中记载了他的母亲梦到将生出一只狮子的逸事。[32] 希罗多德对阿克迈奥尼德家族的支持也显示了这一点。[33]

希罗多德强烈的亲雅典情感与对伊奥尼亚人的偏见和轻视的语气交织在一起。波斯入侵的危机过后,曾以平等身份与雅典结盟的伊奥尼亚城邦沦为它的附庸,希罗多德对雅典的热爱依旧不减。正如伊奥尼亚人对战争的记载难以让雅典爱国者中意一样,希罗多德的叙述定然无法令伊奥尼亚人满意。希罗多德明确指出雅典人是"真正的希腊救世主";[34] 不仅如此,他讲述的一个体现雅典说法、证明雅典帝国合法性的故事广为流传并且深入人心,巧妙地给人留下不可磨灭的印象。他对雅典的推崇与他对民主自由的信仰密不可分。他说雅典在庇西特拉图家族被推翻前是个平庸无奇的城市,然而一旦雅典人废除僭主制赢得自由,他们就成为希腊首屈一指的城邦了。[35]

　　所以希罗多德是一位亲雅典的民主主义者。据说,雅典人曾授予他 10 塔兰特(约合 12,000 美元)以表彰其作品的价值。[①] 如果确有其事的话,这是对希罗多德增加其城邦声誉的一点薄酬。[36] 不过为雅典效力并没有让他的作品降格成为令人生厌的党派读物。它是实用主义的,反映出作者的政治信仰及对雅典素材的偏好,然而这是一位无法避免偏好的历史学家的作品,而非出自一位别有用心而成为历史学家的党派分子之手。

　　关于希罗多德对希波战争的记载,还有要特别一提的地方。在雅典,对这场战争自吹自擂的记载已成为传统,埃斯库洛斯《波斯人》(*Persae*)中的一段诗体叙述(公元前 472 年)是一个早期的例子,希罗多德可能是大约二十年后第一个以史学形式叙写这场战争的人。大家知道,他的作品中有许多口头采访(从雅典、斯巴达、德尔斐和其他地方收集而来)。可是他不能只依据口头采访就创作这部战争进程的历史,也不能在大约三十年后不借助早期记载就能完成对一系列事件的叙述——他过于年轻而不曾参与到事件当中。我们知道在埃及部分他依助于赫卡泰奥斯的著作,虽然其作品的这一部分依靠亲自调查和采访收集信息应该已经足够了。毫无疑问,赫卡泰奥斯是他写作早期东方历史的主要向导,在叙述斯基提亚和利比亚时,他也借助了赫卡泰奥斯和其他伊奥尼亚派的地理著作。至于大流士和薛西斯入侵的部分,正如我们所料想的,我们能发现希罗多德在这里也有一位写作向导的确凿证据。最后三卷从马拉松战役写到第二次入侵结束,历史学家对波斯人

66

----

① 塔兰特是古希腊的一种计量和货币单位。依照阿提卡计量体系,1 塔兰特等同于 60 明那,约相当于现在的 26 千克。作货币单位时,1 塔兰特为同等重量的金或银。

67 和希腊人的叙述自然地交替进行。作者对苏萨或波斯军营的叙述
与他对希腊城市或军营的叙述在风格上有明显的差异。在对希腊
人的叙述中，我们总是听到不止一个版本的故事，体现出反映不同
地方利益的多种口头传统。可是当我们追随波斯人动向的时候，
持有的是连续的按年代顺序排列的叙述，虽然不可尽信，但是风格
一致、自成一体，从事项列举和细节来看，像是出自一部大约为同
时代的著作。这部著作正式的主题是波斯史而非希腊史，它构成
叙事的主线，间或夹杂了希罗多德设法收集的所有补充性和说明
性的材料。马拉松战役之后，波斯事件的年代清晰有序，与希腊历
史的年代模糊、支离破碎（譬如在斯巴达国王克莱奥麦尼斯和德玛
拉托斯上的题外插话）形成了对比。我们知道在希罗多德之前已
经有一部希波战争史——米利都人狄奥尼修斯的著作，我在上一讲
中提到过，我还指出兰普萨科斯人卡隆的波斯史或许一直写到薛
西斯入侵的时候，也不是没有这种可能。这两部著作都满足希波
战争被作为波斯史而非希腊史的一部分的条件，所以其中一部被

68 用作希罗多德的材料来源并不是没有可能。[37]

　　就这样希罗多德把雅典的说法作为纬线，穿插进一位早期作家
提供的经线中，中间不时夹杂些其他的材料。值得注意的是，在包
含薛西斯入侵的最后三卷中，一场宏大庄严的人类事件即将来临
是如何被有力地渲染出来的。怀疑主义的语调在这里没有著作其
他部分那么明显了。从第七卷一开始，主导的调子就变了，至少这
是我的一个印象，气氛变得肃穆起来。我想我们可以说它是雅典
的而非伊奥尼亚的调子。这一差异难道是因为受到让主题更显庄
严的雅典戏剧——弗吕尼科斯（Phrynichus）和埃斯库洛斯悲剧的
影响吗？

　　人们并不认为波斯远征的失败是神忌妒人类显赫的功业或财
富所致。它是神明对常与兴盛相伴而生的人类的傲慢和轻率所施

加的惩罚。这是埃斯库洛斯的训诫：

Ζεύς τοι κολαστὴς τῶν ὑπερκόμπων ἄγαν
φρονημάτων ἔπεστιν εὔθυνος βαρύς.

宙斯是审判者，他时常眷顾那些自命不凡的人。[38]　　　69

　　我们可以在希罗多德的最后几卷中找到这样的雅典的影响。这印证了我的推测：从希罗多德被驱逐到启航前往意大利这大约十年里，雅典有一段时间犹如他的总部。

　　希罗多德还使用了很多更早期作家的著作，[39] 其中他指出姓名的只有赫卡泰奥斯，而且经常是为了有所贬抑。这些作家的作品已经不复存在了，希罗多德固然具有艺术家和文学家的卓越才能，我们却很难公正评价他自己作为历史调查者的成就。他的功劳可能在于收集希腊现代史的口头材料，并且用高超的技艺把这些零散的材料编排进前人所构建的框架中。其历史批评的准则可以被归纳为三点：（1）怀疑与日常经验相违背的超凡和奇异事件。不过其中并不包括神谕和梦兆，他在实践中为征兆留下广阔的空间。　　70（2）如果遇到互相矛盾的证据或同一事情的不同说法时，保持开放的态度，聆听不同的说法（audi alteram partem）。但是这并没有让他避免倾向于接受雅典的说法。（3）亲自考察，一手的口头资料优于不论口头或书面的二手材料。[40] 这容易被简化为"我知道，因为我亲自去过那里"而导致轻信，历史学家由此受到埃及神庙中祭司和向导的摆布。

　　我可以用两个例子说明希罗多德有时候在现场收集的信息是多么令人失望。当他访问埃及时，他在大金字塔上看到中世纪消失的铭文。它们适用于王陵，可能有宗教上的意义。可是希罗多德告诉我们它们列举了修建金字塔的工人所消耗的洋葱和韭葱的

71 支出。这个解释是导游用来满足希腊游客的好奇心的。[41] 我要列举的另一个例子是关于巴比伦历史的。希罗多德在巴比伦见到一位国王宏伟的建筑,这位国王的名字即使是没有研究过巴比伦年表的人也会熟悉——尼布甲尼撒王(King Nebuchadnezzar)。希罗多德得知这些建筑修建的时期在萨穆拉玛特女王(Queen Sammuramat,他称之为 Semiramis)统治以后五代人之时,这是正确的。但是亲自调查并没有让他避免在哪位国王为建筑者的判断上出现可笑的纰缪。尼布甲尼撒真是运气不佳。在《但以理书》中,他化身为一头原野上的野兽;在希罗多德的著作中,他又被迫乔装成女人。我们不得不在尼托克莉斯女王(Nitocris)的面具下发现他的身影。[42]

希罗多德已认识到我所说的批评主义原则,尽管他只是不尽如人意地偶有应用,可还是应当受到高度的赞赏。这些原则经久适用,极为合格地为所谓历史方法论现代的发展打下基础。不过虽然希罗多德宣告了这些符合常理的原则,但是他在一些方面缺乏常识,以至于其作品的某些部分看起来像是由一个早熟的孩童所著。他着手写一部伟大的战争史,可是他不具备关于战争状况最
72 基本的知识。他所表述的薛西斯军队的数目荒诞不经,显示出他近乎难以置信地不称职,足以为希罗多德冠以史诗诗人而非历史学家的称号。数字是他自己计算出来的还是完全照搬权威的意见,这并不重要;在这个事例上接受别人的说法和编造一样可憎。作为历史学家,其罪责难恕。如果我们用战争史家最低的标准来评判希罗多德,这则事例说明他是难以胜任的。不过作为一名恢宏史诗的叙述者,他成功地逃脱了这样的指责。他的波斯行军目录可与《伊利亚特》的目录相比拟:

μῦθον δ' ὡς ὅτ ἀοιδὸς ἐπισταμένως κατέλεξας.

46

第二讲 希罗多德

你讲述故事如同精于此道的游吟诗人一样。

他在军事事件上的难以胜任同样体现在他对温泉关和阿尔泰米西昂战役的记述中。无需经验和技巧的训练便能看出,波斯人军事行动的关键在于陆军和海军的紧密联系与配合,它抑制了希腊的防御策略。尽管希罗多德提到的好几个地方显示了这一点,使我们对其作战方针或多或少有所了解,可是他自己却完全没有察觉这一情况,他记载的海军和陆军行动好像互不相干。

希罗多德在希波战争上没有忽略纪年的问题,他所做的或许如同我们所期待的一样令人满意。但是我们不免提出疑问,这莫 ₇₃非是因为他借鉴了一位早期作家——狄奥尼修斯或者卡隆的缘故?重要的是,他没有提供任何便于希腊读者理解的正式纪年,直到突然提到波斯入侵阿提卡发生在卡利亚德斯(Calliades)执政的时期。[43] 虽然最后三卷的时间处理得相当不错,可是就整部著作来看,当作者从其他材料照抄年代日期的时候,从未尝试去解决希腊史的纪年问题,尽管他叙述的众多事件对校准希腊说法和东方记载的时间提出了要求。他回避这一问题当然不是因为觉得它无法解决,他对之漠不关心的态度再次体现了其史诗的、准历史的思维。

古希腊史学的第一个阶段到希罗多德时发展到顶点。他反映了这个阶段历史学的特点:热衷于地理学和民族志的研究(历史学不可或缺的基础),并且主要兴趣在东方。他从赫卡泰奥斯那里继承了对古代神话批判的态度以及初步的比较神话学的方法,又以颇具魅力的史诗技巧和更高的历史观念将它们装饰美化。他是希 ₇₄波战争题材上的荷马,这场战争是他的灵感来源。他的著作展现了公元前 6 世纪的文明图景,虽然记载一场单个的事件,但是把很大一部分已知世界都容纳其中,所以也是普世史。就文学来说,希

古希腊历史学家

罗多德没有过于批判是一件幸事，因为如果他的批判态度更为犀利而不那么幼稚的话，他就不会成为第二个荷马了。他在气质和心智上都属于智识启蒙前的时代，能够看到却并不理解。在他去世之前，世界上第一位真正具批判主义的历史学家已经开始写作了。下面我们要关注的是修昔底德。

1 一些段落的写作不会早于公元前431—前430年。vii. 233（参照 Thucydides ii. 2）和 ix. 73（参照 Thuc. ii. 23）应该在公元前431年；vii. 137（参看 Thuc. ii. 67）应在公元前430年。另可参阅 iii. 160 和 v. 77。第六卷第98节提到阿尔塔薛西斯（Artaxerxes）并不意味着这些文字写在他去世之后（公元前425年），参阅麦坎此处的注解。

2 参阅 Wachsmuth, *Rheinisches Museum*, lvi. 215‑218（1901）相关的评论。

3 麦坎很好地表述过这一点。

4 最后一部分的统一性较分立性体现得更加明显；事实上，把第七卷与第八卷分开的做法有些武断。

5 麦坎版本的 *Herodotus*，vii‑ix（第7节和第8节）导言论证得最为充分。

6 有一些是后来补充的，因而 vii. 93 和 vii. 108 中有些段落位置在前却是后来创作的。可能全书并未经过最后的修订，这就足以解释 vii. 213 中未能兑现的允诺，这一段落尽管不够充分但是第九卷未能完成的猜测唯一确实的依据。（麦坎不吝笔墨说明这一假说何以站不住脚，同上，第6节）另一方面，希罗多德想要在其著作早先的部分中包含一段巴比伦简史（Ἀσσύριοι λόγοι）不是没有可能，我认为这比 i. 106 和 i. 184 中他提到另一部作品更有可能。

7 他直言离题（προσθῆκαι）是其著作的一个特点，iv. 30。

8 *Letter to Pompeius*, 3. 朗吉努斯（Longinus）称希罗多德"最像荷马"（ὁμηρικώτατος），*De subl*. 13. 4。

9 v. 92. 参照参考书目中提到的斯塔尔（Stahl）的文章。

10 Fr. 353（Longinus, *De subl*. 27）. 参阅 Mahaffy, *Prose Writers*, i. p. 33。Marcellinus, *Vita Thuc*. 38 中的陈述无足轻重。

11 Thucydides i. 23 提到散文纪事家（λογογράφοι）并非不容置疑，他想的主要是希罗多德，并且可能只想到了希罗多德。

12 同样，佩涅洛普的儿子潘和塞墨勒之子狄奥尼索斯也要区分于同名之神。

13 参见 viii. 77。

14 ii. 143.

15 当希罗多德引用"希腊人"（οἱ Ἕλληνες）的说法时，有人认为他意指赫卡泰奥斯（或其他的伊奥尼亚作家），倘若那样他就会说"伊奥尼亚人"（οἱ Ἴωνες）了。他实际上援引了赫

48

卡泰奥斯对"希腊人"的评论,也就是对流行的史诗传统的神话的评论。

16 Plutarch, Περὶ τῆς Ἡροδότου κακοηθείας, 2 对此相当认真地讨论过。

17 *Pyth*. ii. 87 – 88.

18 奥坦奈斯(Otanes)为民主制辩护时明显影射了以抽签制为基础的雅典政制,并不意味该讨论必然出自雅典。我们可以从奥坦奈斯及其后代在波斯境内拥有特殊的地位推测这一极具希腊特点的讨论转移到了苏萨。据说,奥坦奈斯虽然是密谋主要的组织者,但是他使大流士登上王位而自己毫无所求,由此得以免于臣服于国王。所以他既不是统治者也不是臣服者,他具有与希腊民主制下成员地位相匹配的独特地位。因此,尽管没有说服共谋的同伴,但是奥坦奈斯对民主制的信念为自己和家人赢得了民主制才能赋予的自由。

19 一些评论家认为这些段落显示出智者学派的影响,我在此持不同意见。

20 但是有人认为这一问题仍然没有定论。从格伦费尔(Grenfell)和亨特(Hunt)发现的一篇匿名对话的片断(*Oxyrhynchus Papyri*, iv. No. 664)来看,庇西特拉图成为僭主时梭伦在伊奥尼亚(公元前 560 年)。如果是这样的话,他和克洛伊索斯的会面在时间上是可能的。

21 S. Reinach, "Xerxès et l'Hellespont", in the *Revue archéologique*, sér. 4, vol. vi. pp. l sqq., 1905。威尼斯大公与哈得里亚提克(Hadriatic)象征意义的婚礼也是同样的意思,莱纳赫在薛西斯和赫勒斯滂海峡的故事(Herod. vii. 35)、弗基斯人举行的仪式(同上, i. 165)及伊奥尼亚人的仪式(Aristotle, Ἀθ. π. 23)中也发现了同样的主题。

22 v. 86.

23 viii. 8.

24 viii. 36 – 39.

25 我没有说巨石的滚落,因为这可能是策划的。希罗多德在雅典娜·普罗纳亚(Athena Pronaïa)的神庙里看到巨石(第 39 节),这正是能使其印象深刻的那种迹象。

26 vii. 152.

27 iv. 96.

28 iv. 142.

29 出自 E. 迈耶(E. Meyer)。

30 vii. 161;ix. 27.

31 vii. 162.

32 vi. 121.

33 v. 71 依据的是阿尔克迈奥尼德的传说。有人指出希罗多德对阿尔克迈奥尼德家族的好感可以解释为什么他对泰米斯托克勒斯的处理非同寻常。雅典在战争中取得关键性的胜利主要是因为这位政治家。希罗多德虽然认可泰米斯托克勒斯明智的政见,但是亦对其进行不友善的贬抑,把他刻画成一位阴谋家而不是政治家。泰米斯托克勒斯的形象似乎并不明朗,希罗多德的著作反映出对他的偏见。此后,修昔底德注重公正地予其评价。

34 vii. 139.

35 迄今第一的(μακρῷ πρῶτοι),v. 78.

36 Plutarch, Περὶ τῆς Ἡροδότου κακοηθείας, 26. 据说公元前 445 年左右他在雅典宣读过一部分作品,这很有可能。他的著作那时由后面的三卷组成。

37　莱曼-郝普特(Lehmann-Haupt)持此看法。就公元前 500 年到公元前 490 年的历史(即第五、六卷),几乎没有能显示有一部这样的参考资料的迹象。尽管明显缺乏年代的记录,但是从我们所掌握的少数几个年代来看其材料来源是一部波斯史(卡隆或狄奥尼修斯的著作?)参见 vi. 18,42 起始,43 起始,46 起始。

38　*Persae* 827. 在 *Agam.* 749 中,埃斯库洛斯反对过度增长的财富必然导致难以平息的灾难这一世俗的看法(παλαίφατος ἐν βροτοῖς γέρωνλόγος)。

39　公元前 450 年希腊历史方面的非韵文著作相当有限,到公元前 430 年也没有增加多少。很难想象希罗多德不熟悉所有已经出版的历史文献,或是没有注意到狄奥尼修斯和卡隆的作品。在赫卡泰奥斯之外,他提到的历史学家只有斯库拉克斯(iv. 44),不过只提到他是一名探险家,却没有指明其作家身份,虽然其简短的考察记录显然来自斯库拉克斯的报告。难道他能不知道这位写穆拉萨人赫拉克利德斯的卡里亚作家的著作吗?值得注意的是他无视赫拉克利德斯在阿尔泰米西昂所发挥的作用(参见上面提到的索叙洛斯残篇,第 25 页)。v. 121 中提到赫拉克利德斯。iv. 36 提到伊奥尼亚人的地理著作。

40　参看例如 ii. 99。我对希罗多德前往考察过普拉提亚的战场确信不疑。我们由他的叙述难以重现这场战役(格伦迪、伍德豪斯和麦坎阐释过)并不足以反驳这一事实。我们也许记得波利比奥斯对特拉西美诺战役的叙述,他访问过该地并且是一位军事专家,但是其记载仍是疑点重重。任何到温泉关的现代旅行者都能识别希罗多德描述的温泉关关口的特点,可是他不可能去过那里,因为他认为关口是南北向,而实际上是东西向的。

41　参见 Wiedemann, *ad Her.* ii. 125。

42　莱曼-郝普特在有关塞米拉米斯(Semiramis)的文章中显示过这一点(见参考书目)。希罗多德同样在密特拉(Mithra)上出现错误,把他当作一位女神,i. 131。

43　他用距离马拉松战役多少年来描述公元前 490 到公元前 481 年,却不提相应的纪年执政官。即使如此,读者为把握他的纪年还是需要一份阿提卡执政官表。希罗多德没有从一个确定的时间点开始纪年以帮助读者。修昔底德意识到如果没有一个确定的时间点,纪年问题会悬而不决,他从伯罗奔尼撒战争的第一年开始计算时间。

第三讲　修昔底德

第一节　其生平和著作的形成

从家族世系上看,修昔底德属于色雷斯王族的后裔,马拉松战役的英雄米太亚德(Miltiades)正是与这个家族联姻的。他从而与政治家客蒙(Cimon)是表亲关系①,并继承了位于色雷斯的一份带金矿的大地产。因此,他一方面是雅典公民且与雅典一个显赫的家族有联系,同时还在国外拥有一处可以自给自足的地产。他的思想是在那场我们通常与"智者"这个无所不包的名词联系在一起的思想变革的影响下形成的,这场思想运动使理性的光辉普照希腊知识界。尽管修昔底德没有特别接受过某位智者确切的学说,却领悟了这些思想家们最核心的精髓:他学会了摆脱权威和传统的束缚去思考和评判事实。他已经擅长用"现代"的方式思考,即分析政治和伦理,并运用逻辑分析世事。通过比较希罗多德和修昔底德之间的差异,我们应该会清楚地认识到公元前450—前425年这25年间智者运动的影响是多么强烈和深远。如果你拿到两

---

① 客蒙(cimon,约公元前510—前450年)雅典政治家,军事将领,其父为米太亚德,其母为色雷斯王之女。

者的著作而不知道成书年代的话,会认为这两部作品可能相隔 100 年。此外,也可以留意索福克勒斯和欧里庇德斯二者间的差异。

公元前 431 年伯罗奔尼撒战争爆发时,修昔底德至少 25 岁,一些人甚至认为他已经 40 岁了。在战争之初,他就决定进行记述了,这部历史著作的编撰不会晚于战争的第一年,这可以算是当代人写当代史了。公元前 424 年修昔底德获选十将军委员会成员这样的高级职位,驻守色雷斯;安菲波里斯的失陷导致他获罪遭惩。① 20 年里他没有再回过雅典,在此期间大部分时间很可能是在其色雷斯的住所度过的,但间或也为搜集资料外出旅行。显然他一定去过西西里,因为一个没有亲眼见识过叙拉古的人绝不可能像他那样记述雅典的西西里远征。¹ 公元前 404 年战争结束后,(根据《奥埃诺比乌斯法令》)他被允许返回雅典。公元前 399 年前他还并未离世;很可能在公元前 396 年不久去世的,留下了一部未完成的著作。²

修昔底德的生平经历(这些差不多也是我们对他的全部认识)对其历史著作的影响是显而易见的。其家族在雅典的关系很可能为他获取权威信息提供了非同寻常的便利,而他所接受过的军事训练以及积累的军事阅历也使他具备了成为战争史史学家的能力。由于他还有第二故乡色雷斯,这使得他的兴趣并不仅限于雅典,更有助于他以一种超然的心态看待雅典帝国,这对一个血统纯正、在阿提卡境外没有居所的公民而言是很难做到的。他被放逐的经历也有着这样的影响,使其有机会同本邦的敌手结交。他青年时期的那次席卷雅典的文化运动为他思想的成熟提供了条件;假使修昔底德属于上一个世代的话,他就不可能成为修昔底德了。

如果说所有这些外部环境都有助于成就一位见解独到且深邃

---

① 参阅 iv. 104 和 v. 26。

的思想家的话，除此之外，我们还必须探寻激发出修昔底德历史学才华的因素，即雅典帝国。如果说是希腊人击退波斯军队的奇迹激起了希罗多德记述历史的热情，那么雅典帝国，希腊历史上这一独特的新鲜事物——一个民主制下的帝国，即使在世界历史上也堪称新鲜的事物，则引发了修昔底德强烈的兴趣，但他的头脑仍很冷静。他不是拿笔来颂扬帝国的建立；而是旨在解析它——以审慎的态度观察帝国在那场考验其实力的斗争中是如何运转的。他在战争爆发之初，就形成了记述其历史的想法，这是极富独创性的天才之举，但我觉得人们并没有充分认识到这一点。最严格意义上的当代史由此诞生了。修昔底德观察这些事件的目的是为了把它们记载下来；他在这些材料产生之初就开始了搜集。此外，他还创立了一种只记述战争及交战各方关系的历史，而且仅限于这一主题，不会偏离到地理学、人类学或其他领域。因此，修昔底德是我们通常所谓"政治"史的创立者。

　　修昔底德的著作是如何构思的？尽管并未完成，但它经历了哪些阶段才成为最终呈现的样子？在这些问题上，学界一直存在着广泛的分歧。它们不只是能成功引发好奇心的问题，如果仅限于此，鉴于注释者的高度关注，留待他们研究就可以了；这些问题还影响到我们对这位历史学家的观点和写作方法的总体认识，故而它们是任何修昔底德研究都不能回避的。

　　这部历史著作可分为两部分。第一部分以公元前421年的《五十年和约》告终，在那时看来，战争似乎就此结束了，作者的任务也完成了。第二部分是以修昔底德本人的说明正式开篇的，他宣称其写作将延续到公元前404年雅典陷落。① 他解释说尽管我们可以将公元前431—前404年这期间的历史分为三段——为期10年

---

① 参阅 ii.25 - 26。

的第一次战争,随后是 7 年的假休战和接下来的第二次战争,但更为正确的观点则是只有一场持续 27 年的战争,因为假休战事实上与战争无异。这段文字写于公元前 404 年后,自然表明修昔底德不久前才意识到他以前记述的那场非决定性的战争,不过是一场更大的、有决定性意义的战争的一部分而已,并且他已决定将其写作的范围扩展为整个 27 年的历史。另一方面,其叙述[3] 似乎表明,在流亡期间,他一直关注着事态的发展,到各地游历也是为了继续他的写作。他接下来的写作受到雅典远征西西里的触动,打算记述他所认为的第二次战争。由此我可以断定,他的写作计划分 3 个阶段。在公元前 421 年《五十年和约》缔结后,他的著作仅是一部 10 年战争史。西西里远征掀起了一场新的战争,他同样决定进行记述,只是他将其作为编年史上的一个单独事件来看待。然而,公元前 404 年失败的结局使人们对公元前 431 年战争爆发以来所有事件的意义有了新的认识,也赋予这一系列事件意义上的统一性;倘若战争不是以公元前 404 年雅典的失败告终,而是以又一个《五十年和约》结束的话,这些事件很难获得意义上的统一性。于是,修昔底德有了更大的构想,那就是为这整个 27 年的战争写一部历史。

因此,修昔底德一回到雅典就发现有三件事需要完成。首先,他必须编写从《五十年和约》的签订到西西里战争期间的历史。第二,他必须整理近 10 年来的草稿和素材。有关西西里事件的部分已经全部顺利完成了,[4] 但至于其余部分,我们只有记述公元前 412—前 411 年内容的草稿,它们还未加修改,即现在所谓的第 8 卷,这一卷在写作形式上和内容上(通过在雅典获取的补充材料),还需要做很多工作。第三,他应该也有必要对已完成但还尚未发表的前 10 年历史的初稿做一些增补和修订,以达到内容以及形式上更好的统一。这是一种自然而然的想法,在我看来,也是唯一说得通的解释。[5]

第二节　其撰史原则：准确和切题

在引言中，修昔底德提出了一种新的历史写作观念。他树立了关于真实性的新标准，抑或是准确再现事实的新标准，以及一种历史研究的新理念；由此进而认识到希罗多德和伊奥尼亚历史学家们写作上的欠缺之处。他直言不讳地批评他们是旨在提供"好的读物"（正如我们将要说到的），而不是事实，因为就他们叙述的事件而言，其真实性是经不起检验的。他本身并不想取悦读者，或者赢得大众的称道，而是要开创一种因真实性而具有永恒价值[6]的记述。他告诉他的读者在其著作中不会找到任何虚构的成分。正如我们现在看到的，希罗多德（很显然，修昔底德对他尤为关注）著作中的虚构成分与荷马的不相上下，修昔底德也已经认识到了这一点。正是其在洞察世事方面的阅历使他认识到，一些事件会多么快、多么轻易地化为不可靠的谈论；因此，对历史传说持怀疑态度成为他获得的最深刻的教训。此外，修昔底德所持有的这种在战争伊始就进行记述的新理念，对历史学的未来发展而言，其重要性是难以估量的。他早在公元前431年，而非在战争结束后，就决定记述了。这对其史著而言，结果是全然不同的。

记述当下历史与记述过去年代久远的历史往往大不一样。对过去历史的记述完全依靠书写材料和文献；而当代历史的记述中既包括口头信息又含有档案资料。这两种著史方式在修昔底德的那个时代差别较现在更为显著。而今，一位作者要是坐下来编写一部他自己这个时代的历史著作的话，主要依靠的是文献资料——官方报告、各种正式文件以及每天的报刊。此外，他还会亲自从当事人处获取信息，如果他本人是目击者或公共事件的参与者，更会

82

通过其亲身经历尽可能地弥补资料上的不足；但是其著作的主体依靠的还是书面材料。相反，由于当时官方报告相对较少，又没有我们这种现代的搜集、传播新闻的机构，古代的史家只能自己充当新闻记者，所有从最可靠的信息来源采访获取事实的工作均得由他本人承担；他成功与否在很大程度上要取决于某些偶然获得的便利条件。其著作主要依靠他采访获取的信息，辅之可利用的文本资料，如条约、官方指令或书信；而现代著作主要依据的是一些出版物或书面材料，辅之以获悉的从未公开过的信息。显然，古代的写作环境使历史学家的任务更为艰巨，要求他们具备更充沛的精力和更高的积极性。几乎没有比修昔底德讲述他与消息提供者会面，说明其收集、筛选素材方法的写作日志更令人感兴趣的了。但在他已完成的著述中，隐去记述过程中的这些印迹也是其写作手法的一部分。他还得对每次与人交流所获取的对事件的各种描述进行比较、分析；但为了满足其文学的艺术性，他只呈现最终的调查结论，无须说明证据上的分歧。此外，他很可能隐去了所有他不满意的细节。在提到那些自己心存疑问的报告和没有根据的说法时，他格外审慎；虽然有几处他否认陈述的可靠性，但我们可以推测他仍承认有其可能性。[7] 他没有注明谁是消息提供者，甚至也没有告知他是在何种场合亲眼目睹所记述的事件的。对此我们只能猜想，唯一能肯定的是他任十将军委员会成员期间军事行动的真实性。

然而由于其著作的某些部分还未最终定稿，这使我们得以对史家的写作方法有所了解。第8卷还仅是初稿，我们从中发现来自不同消息提供人（雅典人和伯罗奔尼撒人）的叙述，它们均被记录了下来，以形成连贯的叙述，然而所述事实存在着矛盾之处，倾向上也不尽相同。[8] 比如，人们可能会发现一些伯罗奔尼撒的消息提供者对拉凯戴蒙人的将领阿斯图奥科斯（Astyochus）赞许有加，而其他人则并非如此。显然我们看到的这些资料只是被暂时筛选上了而已。此外，波斯和斯巴达接连 3 次订立盟约的全文被逐字记述下来，[9] 如果我们考虑到前两次盟约只在短时期内有意义，修昔底德似乎不可能把它们毫无删节地保留在定稿里。这些只是资料而已——按照合乎情理的推测，是由阿基比亚德斯（Alcibiades）提供的。与已经修订完的部分相比，上述事实加之对寡头派革命的记述不尽如人意，都印证了第 8 卷还只是初稿，这部分的写作风格以及演说辞的潜踪匿影也早已暗示出这一点。倘若作者当时还在世的话，这一卷想必会大不一样。

　　尽管第 5 卷较之第 8 卷已经有了极大改进，但仍显示出自身尚需进一步修订。我们在该卷中发现了一系列文献性的内容。这与修昔底德或古代史家惯常的写作手法并不相符，是以一种全然不同的方式引入所述内容的；而且，他会接受以阿提卡方言之外的希腊语记述的文本，这几乎也是令人难以置信的。我想，由此我们可以断定，此处的资料在最后修订时还需要进一步加工。

　　有时我们也可以从史著中已经修订完的部分揣测到修昔底德的消息来源。显然，他向普拉提亚人请教了有关普拉提亚包围战的内容，并从斯巴达人和雅典人那里获悉了有关普洛斯（Pylos）和斯法克泰里亚岛（Sphacteria）事件的一些情节。我们有时会猜想修昔底德的记述源自官方下达给军事统率的指令；此外，还明显可以看出，他所列举的战争初期两大敌对城邦的同盟者名单依据的是《三十年和约》。[10] 但有时，一些法令或条约的表述是修昔底德归纳整理出来的。[11]

　　然而，我们只能相信修昔底德提供的内容是可信的。虽然我们没有大量独立的证据来验证其著作的准确性，但就我们偶尔通过原始文献证实的而言，他表现得很出色（在那些已经修订完的部分），而且毫无疑问，他对准确性的重视绝非空话。[12] 人们对他的严重批评并不是关于他所记述的信息,而是针对其忽略不提的内容。例如,公元前424年雅典提高了属邦贡金的额度,尽管这一举措是这场战争中的重要事件,却被完全忽略了;由于近年发现了刻在石碑上的部分法令条文,我们才得知此事。在某些段落里他对军事史的记述不厌其详,对其他一些事情却不着一字(比如,伯里克利对埃庇达罗斯的企图),我们尚不清楚他为何这样做。在某些情况下,这种缄默就表明了他的态度。例如,他对雅典人的街谈巷议置之不理,表明他反对雅典人将伯里克利的私人生活和战争起因联系起来。但是我们必须承认修昔底德在省略上表现出来的大胆和果决是现代史家所不敢仿效的。[13]

修昔底德对一些事件的省略是与其著作的总体特征紧密相联的。如果说其史学理念的首要原则是准确,那么其次就是切题;这两点表明他与希罗多德截然不同。正如我们看到的,漫笔杂谈正是希罗多德那部史诗风格的史著的生气所在;伊奥尼亚史观以内容丰富、包罗万象而著称,使他广泛涉猎,并将一个个故事和话题巧妙地连缀起来,但松散得如同其伊奥尼亚式散文结构一般。修昔底德则产生了写政治史的想法,并给自己制定了严格的拣选原则。他以战争为主题,不会借机跑题到文化史领域。而且,只要不与解释所述事件紧密相关,即使是简短的地理说明也会被他排除在外。修昔底德不屑于那些带有人身攻击的流言轶事,也厌恶伊昂(Ion)①和斯泰西姆布罗托斯(Stesimbrotos)②所写的粗俗的人物传记。他刻意回避伯里克利、克里昂以及其他政治家私生活方面

---

① 伊昂(约公元前480—前421年),古希腊戏剧家、诗人,开俄斯人。他以散文体的形式记述了与当时一些名人的邂逅。

② 斯泰西姆布罗托斯(约公元前470—前420年),古希腊传记作家,历史学家,塔索斯人,曾在雅典教学。其传记作品《论泰米斯托克勒斯、修昔底德、伯里克利》对泰米斯托克勒斯和伯里克利持批评态度,有关修昔底德(麦莱西阿斯之子)的内容没有流传下来。此外,还有关于荷马和萨摩色雷斯人宗教秘仪方面的著作。

的轶闻,但对阿基比亚德斯则是例外,这样做是为了解释他被判罪的原因;因为在修昔底德看来,正是他所留意到的阿基比亚德斯的一些生活侧面,具有明显的政治影响,决定着雅典人对他的态度。此外,修昔底德虽关注城邦间的政治关系,但并没有纳入各邦的历史,除非城邦自身的历史事件直接影响到邦际关系,或者是与邦际关系交织在一起,比如瘟疫和内部叛乱。尽管他在叙述中暗示了雅典存在着一些政治派别,但并没有交代这些派别的任何信息,直到他谈到寡头派革命。正如维拉莫维茨所言,修昔底德所关注的不是普尼克斯山(Pnyx)①而是帝国。

当然,修昔底德也有离题的时候,但几乎无一例外,这些漫笔要么是与主题紧密相关,要么是出于某种特殊的目的。

从形式上看,对雅典帝国发展史的记述是一篇附记;但公允地说来,将其归入引言比较恰当;这部分显然与该书主题相关联,而且还有一个特殊的目的,即补充并校正赫拉尼科斯的记述。对波桑尼亚斯(Pausanias)命运的叙述虽是题外话,但也还算切题,这部分旨在解释雅典人要求拉凯戴蒙人驱逐受诅咒的人,②并非不可或缺;但之后对泰米斯托克勒斯(Themistocles)后半生的记述与伯罗奔尼撒战争则完全不相干。稍后,我会解释作者引入这段记述的特殊动机。史家敏锐地认识到即将迁居城区的乡村居民们之所以感到忧伤,皆因阿提卡地区早期的生活习惯之故,而记述雅典早期历史以及相关考古证据[14]的章节③,其目的正是为他的这一评论做注解由此颇有价值。概述西西里的早期历史对阐明所述内容几乎是必不可少的;我们不能想当然地认为雅典公众对这座岛屿及岛

89

---

① 普尼克斯山位于雅典广场的西南,是古典时期雅典公民大会召开的地方。此处作者以普尼克斯山指代城邦内部的政治生活。
② 参阅 i. 128 - 135。
③ 参阅 ii. 15 - 16。

上的诸多城邦都很了解。作者记述西塔尔凯斯（Sitalces）的奥德吕塞（Odrysean）王国[15]无疑是出于个人对色雷斯的特殊兴趣；此外，也有比较色雷斯、斯基泰和希腊诸邦军事实力和财力的意图。

对雅典僭主覆灭的记述（在第 4 卷），称得上是真正意义上的离题，引入这一内容旨在纠正流行的错误说法。在另一段里，修昔底德概述了提洛赛会（fair of Delos）的历史，并引用荷马的颂诗做说明，[①]漫笔到文化史上，这种表现可谓一反常态。我只能猜想此处修昔底德也旨在纠正当时某种流行的误解。倘若他由于纠正某些看上去微不足道的错误而偏离主题受到谴责，或因为挑剔地指出了希罗多德史著中的若干小错误被诟病，我们必须记住，修昔底德这样做的重点在于说明其原则，即传说不可信，当时那种轻率的撰史方法必然导致错误。

修昔底德的离题——如果能称得上是离题的话——与希罗多德的离题在性质上和程度上都相去甚远。批评家狄奥尼修斯认为，与希罗多德的著作相比，这只是修昔底德史著中的一个次要问题，而且修昔底德一直紧扣主题，并一贯地坚持自己的论点，从未犹豫不决，也没有言辞不一的时候。狄奥尼修斯认为修昔底德有"两三处"确实离题了，但目的是用这种令人舒适的停顿来调节叙事节奏。如果他能够指出，希罗多德受到史诗的影响，而修昔底德的写作手法更适于同戏剧做比较，那么他的评论会更加明晰。修昔底德和悲剧家一样在写作中紧扣论点。悲剧是通过歌队插入合唱来变换写作手法，他则通过在叙述中穿插演说达到这种效果。他首先考虑的是准确性；为此，他必须追踪事件的进程，而不是按既定的写作计划来炮制事件，而且，其记述必须严格按照时间发生的顺序，不容对情节再进行编排。但有时我们会发现一些刻意的

---

① 参阅 iii. 104.

安排,为的是达到某种预期的效果。比如,在斯巴达召开的两次同盟大会之间插入的关于雅典帝国缘起和发展的长篇大论,就打断了一连串的演说,倘若这些演说连在一起的话就过于冗长了。而且,维拉莫维茨·穆林德夫(Wilamowitz-Möllendorff)也清楚地指出,阿尔基达莫斯在第一次入侵阿提卡时希望雅典能在最后一刻作出让步,极力拖延行动,这以叙述的形式反映出来——其叙述正给人以行军缓慢、迟疑的印象①;而考古篇②偏离到雅典早期的历史也有助于产生这种艺术效果。

第三节　现代对其能力的评论

有人可能会批评修昔底德同其他古代史家一样,没有认识到经济现实和商业利益在人类事务中所发挥的作用。事实上,他是了解经济情况的,这表现在他认为早期希腊社会物资匮乏这一点具有重要意义,并充分认识到财政收入的重要性。有人会说他应该详细叙述和解析雅典政权赖以存在的商业基础以及受到雅典帝国影响、威胁的其他城邦的商业利益。但历史发展中的经济和商业因素受到应有的关注,或者说过分的关注,是相当晚近的事情。它们变得如此引人注目,以至于一些作者想以经济原因来解释所有的历史现象。这对说明当前思潮如何影响到我们对过去的认识提供了一个例证。经济和商业因素在当今时代极为重要,而在古代世界则肯定没有起到同等的作用。如果说古代的历史学家在很大程度上低估了它们的重要性的话,我们则很容易犯高估它们的错误。我们可以肯定政治家们所关注的首先是雅典在政治上的利

92

---

① 参阅 ii. 12。
② 《伯罗奔尼撒战争史》第 1 章,2—19 节概述早期的希腊历史,一般被称为"考古篇"(Archaeology)。

益,而不是经济上的,修昔底德亦是如此。政治史是修昔底德开创的;经济史则是 19 世纪的产物了。

对修昔底德治史能力最严厉的指责恐怕是他曲解了——如果他不是故意歪曲的话——伯罗奔尼撒战争的起因。这种指责是德国和英国的两位学者提出的,[16] 他们分别从不同方面进行了阐述。在我看来,他们的批评并不正确。他们只能以存在内在矛盾或论述不充分来指摘这位历史学家的记述,但他的记述看起来不仅前后一致,而且很是充分,尽管仍有所保留。

我们先谈谈修昔底德在表述"原因"时所用的两个名词——αἰτία 与πρόφασις,这并非离题。αἰτία和拉丁语中对应的名词 caussa 有着几乎相同的历史渊源。其确切含义是"不满""谴责的理由"或"指控",在修昔底德的作品中,通常要么确指这一含义,[17] 要么——即使我们可以恰当地将其译为"原因"时——暗含着"指控"或"归咎"的意思。πρόφασις指"声称的原因",可能是真的也可能是假的;事实上,它最后被限定在指假的或是次要的原因上,故又等同于"托辞"。但在修昔底德的作品中,它还没有受到这种限定,修昔底德在两种情况下都会用到这个词。由于其指"声称的原因",因此很容易被用于指原因,不论它们是声称的还是真实的;换言之,就是"动机"或"理由",所以它在此意义上非常接近"原因"的含义。一个词有多种用法并不意味着作者思维混乱;我们在使用"reason"一词时,也还是有着同样的灵活性;其具体含义取决于语境。

当一场战争爆发时,有两个问题需要做出解释和区分:入侵者为何发动战争,以及他们为何在那个时候发动战争? 比如就 1870年的普法战争而言,这种区分是极为重要的。但在某些情况下这两个问题的答案是相同的;战争可能毫无缘由,只是特定的环境迅速导致战争爆发。至于伯罗奔尼撒战争,修昔底德则特别强调情况并非如此,双方的敌对有着长久的动因,在这种情况下,战争是迟早要发生的；此外，个别的事件也决定了战争爆发于特定的时段。当拉凯戴蒙人采取破坏和平的行动时，自然不会提到那个长期以来真正促使他们这样做的原因，即对雅典强大起来的妒忌，他们宣战的口实则是雅典一方近来的某些举动。修昔底德是这样表述的："尽管他们并没有说出来，但我认为真正的原因（πρόφασις）是雅典实力的增长引发了拉凯戴蒙人的恐惧；我接下来将解释那些公开宣称的指控（αἰτία）"，于是他便着手解析科西拉（Corcyra）和波提戴亚事件。科西拉使者和伯里克利在雅典发表的演说中都表示战争是不可避免的，问题仅在于它会延后多长时间。修昔底德接受了他们的观点；我们自然无法证明这种判断是错误的。 95

修昔底德在斯巴达宣战的真正动机（如果没有该动机，他们就不会宣战）和激化矛盾、致使战争在特定时间爆发的特殊事件之间的区分相当清晰，且令人信服。我们可以更进一步提出一个问题，即在修昔底德记述导致伯罗奔尼撒同盟在特定时间采取敌对行动的事件时，他是否正确地评估了这些事件相应的重要性。人们指责他没有给予麦加拉事件以应有的重视，不是未能认识到它的意义，就是故意将其置于次要地位，以开脱伯里克利所承担的战争责任，毕竟伯里克利正是麦加拉政策的决策者。我暂且不考虑第二项批评，因为随后（在下一讲中）我会解释这位历史学家对伯里克利及其政策的态度是超然的。在这里我只想说，在最后的谈判中，拉凯戴蒙人把麦加拉事件作为决定性的问题，声称如果雅典就此让步，他们就会满意。倘若修昔底德真想为伯里克利开脱所谓的责任的话，他要是对此事不加隐瞒或者辩解，就有些笨拙了。

拉凯戴蒙人发出的最后通牒，乍一看，似乎确实与麦加拉人的抱怨在修昔底德所述引发战争的事件中所占的次要地位不符；有人提出他应该将其放在最显著的位置，而不是不起眼的地方。我 96

认为，只要仔细分析就会发现，其叙述是完全连贯一致的，并在著作中较为合理地记述了各种原因和动机。

漫不经心的读者也会产生一种明确的印象：科林斯人是战争的主要煽动者，他们促使拉凯戴蒙人发动了这场战争。作者指出战争的直接原因是科西拉事件和波提戴亚事件，这两个事件都与科林斯人的利益有着密切联系。通过转述科林斯人的两次演说，修昔底德强调了科林斯在战争中所起的主导作用，也道出了伯罗奔尼撒人的不满。如果说科林斯人最担心的是雅典对麦加拉所采取的行动，即把它排除在雅典帝国市场之外，从而遭受经济崩溃的威胁，那么我们一定可以断定修昔底德获得的信息完全是错误的。在斯巴达的演说中，科林斯的使者们并没有提到麦加拉，作者清楚地表明他们之所以那么急切地想使战争立即爆发，是出于对波提戴亚的忧虑。我们能找出证据来说明科林斯人在麦加拉问题上真正的兴趣所在吗？

当科西拉事件发生时，科林斯非但不为战争担忧，反而竭力确保雅典的友好和中立。而且，科林斯是有备而来的，除了迫切要求雅典报答其过去的帮助外，还提出了一项密约（公元前 433 年）。在此之前，雅典已经对麦加拉实施了新的图谋，通过法令禁止麦加拉的货物进入雅典。此时，科林斯实际上是在对雅典说：如果让我们放手处理科西拉问题，那么麦加拉就任凭你们处置了。至少在（雅典）公民大会的演说中，科西拉使者采用的是这种外交策略。[18]他并没有说："你们对麦加拉的图谋是错误的，但我们可以默许。"他说的是："你们对麦加拉采取的措施已经令人猜疑了；你们可以通过帮助我们，来解除嫌疑。"但这两种表达是一回事。

科林斯的这项提议表明，在他们看来，麦加拉的独立并不是至关重要的。他们在那里的利益与在别处的相比根本不重要。正是雅典与科西拉结盟，以及接下来的波提戴亚事件，导致科林斯和雅典交恶,并由此致使这场无论如何都会发生的战争提前爆发了。麦加拉法令并没有使科林斯决定采取行动,而科林斯的行动是决定性的。另一方面,一旦科林斯和斯巴达的主战派们决定开战,麦加拉的苦况就成为伯罗奔尼撒人抱怨和控诉雅典政策中给人深刻印象的一项。从指控来看,尽管雅典与科西拉结盟是实际上引发战争的首要原因,但当时还没有显现出来;人们还不能判定此事是非法的或者不道德的。雅典对波提戴亚发动的进攻可能也是一项罪状;但事发时形势比较复杂,双方也许达成了重要协议。因此,将麦加拉问题放到突出的位置上,并声称雅典对麦加拉的暴行是其首要的罪行,这显然是外交上的一种策略。拉凯戴蒙人提出:"在该问题上让步的话,就不会有战争。"这是一道命令,雅典不能接受这种不体面的境遇,而且让步只能招致更多的命令。雅典人的答复是:"我们不认为你们有下命令的权力;但我们很愿意根据《三十年和约》的条款将你们的指控提交仲裁解决。"

　　修昔底德对战争起因的记述前后完全一致,而且清晰明了;人们有任何理由认为这是不正确的吗?唯一有事实根据、让人可以不接受这种方法的证据来自阿里斯托芬(Aristophanes)[①]。他将战争的爆发归结于较为次要的麦加拉法令。鉴于在最后的谈判中该法令已经受到了重视,因此这是一种合乎常情而肤浅的看法;如果雅典让步的话,就可以避免或延后战争,就此而言,其与修昔底德的记述也并不相悖。此外,仔细揣摩这位喜剧家的表述,就会发现它们无疑反映了当时雅典商界的观点,我们一定不要忽视在战争

[①] 阿里斯托芬(约公元前450—公元前386),著名喜剧家,有11个剧本存世,如《巴比伦人》《阿卡奈人》《骑士》《云》《马蜂》《鸟》《吕西斯忒拉》《地母节大会》等。在公元前425年上演的《阿卡奈人》中,阿里斯托芬指出是由于伯里克利为给他的情妇报仇,禁止了麦加拉舰船进出雅典帝国的市场和港口,从而导致战争的爆发(Acharnians. 509 - 536)。

爆发约一年后,雅典人的反战情绪,这种情绪曾试图把错误全归咎于伯里克利,并围绕着麦加拉法令进行炒作。[19] 但阿里斯托芬所呈现出的这种颇为流行的说法与修昔底德对战争起因的看法并不真正相抵触。如果事情正如修昔底德所记述的那样,这种看法极可能在那种特定的环境下恰好被留在民众的头脑中。

我们也不能忽视另一种成熟的意见。除非我们秉持这种观点,即所有的演说辞均为修昔底德随意编造而成,不仅演说辞的文风是修昔底德的,论点也全然如此——修昔底德明确的表述足以令这种观点不攻自破——或者说,他让第 1 卷的演说辞符合自己事先的解释,实际上,这些演说辞是支撑其战争起因和动机结论的极为重要的素材。他很可能亲耳听到那些在雅典发表的演说;在斯巴达进行的演讲,其大意或要点则是别人告诉他的;接下来,他梳理出重要段落的主旨。这些演说辞不论是直接采用的演讲内容,还是一些后来加入的演说中原本没有的内容,都是为了证明其解释和观点的正确。

雅典针对麦加拉的政策主要意图是什么? 这显然是个问题。修昔底德却从未考虑过这个问题,因为对他而言,它似乎对战争的爆发没有决定性的意义,狭义上讲是不相干的;而现代史家是不会冒险这样对待该问题的。雅典不久前对麦加里德地区(Megarid)得而复失,无疑想恢复控制;于是妄图依靠经济上的压制使这个邻邦断粮而屈服,这样做并不违背《三十年和约》。麦加拉有着双重的重要性。将其控制后,雅典就有能力切断伯罗奔尼撒和彼奥提亚之间的商路,而且还可以保障其拥有一条直接进入科林斯湾的通道,便利了其商贸活动以及军队输送。[20] 我们很难说,对雅典政治家而言,到底是麦加拉地理位置哪方面的重要性更有分量,以至于对邻邦进行这种非武装性的挑衅,尽管他们与这个邻邦关系早已不睦;不论是那种要在科林斯湾占有一个海港,以向西扩展他们东部帝国的"远见"，还是建立一道对抗伯罗奔尼撒的屏障这种更为显见的目的，都会促使他们这样做。我们可以有把握地说，对斯巴达而言，第二种危险更令他们警觉。然而，无论如何，要是没有发生科西拉事件、波提戴亚事件，并没有任何事实表明麦加拉问题自身在当时会引发战争。

修昔底德所受到的批评也显示出他写作方法上的一些不足，但其实这一点被过分强调了。其原则是只记述那些行之有效的政策，并且在它们首次实施时方会提及。如果麦加拉只是雅典向西扩张计划中无足轻重的一部分，那么麦加拉问题就绝不会被提出来了；史家在麦加拉问题上不置一词，是忠实于其写作方法的。虽然雅典的一些政治家在公元前433年或之前，已经盯上了西西里和意大利，但直到公元前427年这一政策还未见成效，因此修昔底德对此置若罔闻，仅提到雅典在公元前433年接受科西拉的提议，承认西西里和意大利属其利益范围。修昔底德从而再次沿用了自己一贯的写作手法。

第四节　对非当代史的处理

修昔底德不仅向希腊人展示了应该如何研究和记述当代史，还为如何整理过去的历史提供了一个新的范本。他在著作前面附了一份希腊历史概述，哈利卡纳索斯的狄奥尼修斯是绝不会称颂其价值的，只是说它相当于一部独立的著作。这份概述所显示出的写作能力和见识是令人惊异的。我们必须考虑到它是紧扣着历史发展的一个方面，计划解决一个确切的问题，即希腊之前没有产生强大的城邦，这种局面是如何造成的；并计划阐明过去的军事和政治实体规模都很小。这部分根本没有提到制度史，只是对"僭主统治时期"进行了着重记述，因为阐明僭主们的政策不具侵略性也是这部分叙述的一个要点。就其论述的范围而言,这份概述是一个极为合理的论证,展示出一种全新的对待历史的方式。我们不能全盘接受他的记述;在最近 30 年里我们对希腊荷马时代以及前荷马时代文明的了解已超出了修昔底德所揭示的。然而,对一些枝节问题的考证不是关键所在;这份概述至今仍显示出作者深邃的历史洞见和理解力。希腊杂乱无章的口传资料多是些传说和局部细节构成的,修昔底德从这些资料着手重构出一个合乎逻辑的发展过程,并为他的推论提供论据。他勾勒出历史发展的大体轮廓,从大量的局部细节中提取出一些概括性的基本事实,并描述出各时期的鲜明特征。他呼吁人们考虑文化环境的重要性,并建议写一部希腊文明史。修昔底德还使人们对神话时代的物质生活有所了解,并指出资源匮乏是制约希腊某些方面发展的关键所在。

像希罗多德和其他史家一样,修昔底德无疑也认为那些英雄们,如派罗普斯(Pelops)、阿伽门农(Agamennon)和米诺斯(Minos)事实上是存在的,对他来说,他们的家族谱系似乎是可以确信的。[21]他对特洛伊战争的真实性并无疑问;此外,他还通过这一事实推断希腊当时有一个占据主导的城邦,其地位举足轻重,并且指出通过对特洛伊传说的分析,发现当时物资普遍匮乏。他还相信米诺斯是真实存在的;而且他凭直觉所强调的克里特的制海权,似乎已经被克里特近来的发现证实了。在记述接下来的历史时,他确信海上大国的崛起和海军的壮大是波斯战争爆发前两个世纪中最值得注意、最重大的事件。

在一些敏锐的论证上,他所运用的方法堪称是现代的。譬如,他指出希腊落后地区的文化是过去某个时段普遍盛行的一种文化的遗存。修昔底德还毫无保留地引述荷马的著作,把他看作是他那个时代生活状态的见证者;但在以荷马的著作为论据证明特洛伊战争时,他又建议存疑。他论证卡里亚人在爱琴海诸岛的人数时,其依据的不是文字,而是考古发现——在他那个时代进行的提洛岛的被襀活动中,所发现的卡里亚人墓穴的数量。

修昔底德对波斯战争后雅典帝国发展的概述使用的则是另外一种记述方式。除了赫拉尼科斯简略的编年体史著外,再无其他著作记载过这段历史。修昔底德的记述是开创性的,并且含有他自己探查的结论。他对赫拉尼科斯的著作进行了评论,不仅提到其叙事简略,还宣称存在年代错误。正如我们看到的,赫拉尼科斯以执政官的名字纪年,并排定每个事件发生的顺序,但我可以举出年代错误的事例来说明他是在不懂装懂。修昔底德并没有给出确切的时间,并且也很少按照年代顺序对所有事件排序。初看起来,似乎赫拉尼科斯可以以自己对纪年的精确性有着更为严谨的态度来反击修昔底德。但是,在修昔底德的批评看来,根本就没有满足这种精确性所需的足够资料,赫拉尼科斯所谓的纪年准确性是不切实际的。我们可以进一步猜想,他修订了一些事件的发生顺序,从而校正了前辈史家的错误。但毕竟他依靠的是一些年长者的回忆,因此我们很难判定他的校正在多大程度上是正确的。但是,无论如何,他将怀疑精神传授给了他的同代人。他一直在刻意避免提及那些执政官纪年。[22] 在他看来,执政官纪年,从一年的 7 月开始到次年的 7 月,不便于也不适合记述军事事件的编年史,而且很容易产生严重的错误。因此,他将其军事史的纪年建立在一年夏冬两季的自然划分上。准确的年代是正确的历史记述所不可或缺的,修昔底德对此也很明了——他的史著采用编年体形式便是这一点的明证。其评论者(如哈利卡纳索斯人狄奥尼修斯)清楚地认识到编年体的结构对任何精彩的构思而言都是桎梏,作为一位史学大家,修昔底德不可能认识不到这一点。正如吉本(Gibbon)等其他史家表明的,对纪年准确性的要求和令人愉悦的叙述铺陈并不矛盾;但修昔底德却并没有试着将二者结合起来,他更愿意满足历史准确性的要求，而不是文学艺术上的苛求。他的写作能力不是体现在其著作的结构上，而是体现在某种戏剧化的处理模式上，对此我将在下一讲中进行评论。

---

1 由其著作 i. 10.2 和 134.4 可以推断，修昔底德是了解斯巴达的。

2 关于他逝世的方式和地点众说纷纭。其雅典的坟墓，很可能是一个衣冠冢，挨着其亲属客蒙家人的墓地，位于麦里太德（Melitid）门附近。

3 v. 26.

4 可能在他返回雅典前。

5 参阅附录。

6 即教育性，我将在第 8 讲中重点讲述这一话题。

7 例如：在回答斯巴达人的神谕上（ώς λέγεται 据说），i. 118. 3；阿尔基达莫斯（Archidamus）的动机上，ii. 18.5；尼西阿斯（Nicias）的死因上，vii. 86。

8 参阅书目中 Holzapfel 的论文。

9 viii. 18，37，58.

10 Wilamowitz-Möllendorff 的观点。

11 ii. 24；iv. 16. Wilamowitz-Möllendorff, *Die Thukydides-legende*（参阅书目）。

12 一些错误不是作者造成的，而是早期的誊写导致的。如：i. 51，Andocides 之误；iv. 45，Methana 而非 Methone 之误（前面引用的 Wilamowitz-Möllendorff 的书）。无疑在记述有关普洛斯和斯法克特里亚岛事件时，他在地理上犯了严重的错误，完全搞错了海湾入口的尺寸，他认为斯法克特里亚岛长 15 斯塔狄亚，而实际上是 24 斯塔狄亚。Grundy 由此否认修昔底德曾经造访过该地；而 R. M. Burrows（他的研究显示其他的叙述是全部同地形学相一致的）认为他此处的测量有误。我认为这是他首次通过目击者提供的信息来写作，尽管这个人给出的信息有一部分是不准确的，但使他对这个地方有了大体上的了解，他随后到现场进行了验证，可能补充了一些在当地的感受，但忘了订正距离上的错误。我们发现波里比奥斯在描写新迦太基时也是如此（参阅第 194 页）。实际上，这个有关该岛长度上的错误很可能由于某个抄写员之故被夸大了。因为 κ 容易同（ιϛ 或）ιε 混淆。Grundy 已经说明了围攻普拉提亚时的地形。

13 现代历史学家可能不会忽略卡里努斯（Charinus）提议的法令。该法令规定任何进入阿提卡的麦加拉人将被处以死刑。这是将麦加拉清除出雅典及其帝国市场法令的续篇。修昔底德会说这条法令并未影响到战争的爆发。

14 如果当时使用脚注的话，一部分内容应放在脚注里。

15 ii. 96 - 7；参照 ii. 29。

16 H. Nissen 和 F. M. Cornford。

17 iv. 87.4 除外。

18 i. 42. 2.

19 我们不知道麦加拉事件是否出现在克拉提诺斯（Cratinus）的喜剧 *Dionysalexandros*（作于公元前 430—前 429 年）中，这部剧作攻击伯里克利导致了战争的爆发。参阅格伦费尔（Grenfell）和亨特（Hunt）所揭示的这部剧作的观点和 *Oxyrhynchus Papyri*，iv. No. 663。

20 F. M. Cornford 已经很好地说明了麦加里德（Megarid）位于东西商路要冲，地理位置极其重要，并在文中援引 Bérard 的"地峡法则"说。人们即使不认为他的结论是对修昔底德的批评，也肯定会承认其研究的价值。

21 修昔底德认为之前的作者所记述的在阿哥里斯（Argolis）建立的伯罗普斯王朝是真实可信的，i. 9. 2 λέγουσι δὲ καὶ οἱ τὰ σαφέστατα Πελοποννησίων μνήμῃ παρὰ τῶν πρότερον δεδεγμένοι（Πελοποννησίων 从属于 οἱ）某个记述阿克戈斯历史的伯罗奔尼撒人是暗指阿库西劳斯（Acusilaus）。我们期望像修昔底德这样对历史感兴趣的人会阅读那时所有的或绝大部分的历史著作。（除荷马外）他只特别提到了赫拉尼科斯的συγγραφὴ Ἀττική（《雅典历史》），以及安提丰（Antiphon）的《答辩辞》；但他通常提及的是诗人和散文体作家（λογογράφοι，i. 21）对早期希腊历史的记述，而且散文体作家中，他考虑的主要是希罗多德，希罗多德诚然也是他在别处批驳的对象。有人推测修昔底德在写作第 4 章前面部分的西西里的殖民地时，很可能利用了叙拉古人安提奥科斯（Antiochus of Syracuse）的历史著作（Wölfflin）。他不会不知道开俄斯人伊昂以及斯泰西姆布罗托斯的著作，这些书他在雅典一定都如饥似渴地读过。

22 在波斯战争后到伯罗奔尼撒战争前的五十年时期。他通过雅典的执政官、斯巴达的监察官以及阿尔戈斯赫拉神庙的女祭司（他将最后面的这种纪年形式放在首位，这显示出赫拉尼科斯的影响力。他在 iv. 133 中也通过这种纪年形式来推测年代），仔细地注明伯罗奔尼撒战争开始的年代（ii. 2）。同样地，当他在"十年战争"结束后再次开始写作时，也是用雅典的执政官和斯巴达的监察官来注明时间的（v. 25）。但是，我们也有理由批评他，因为他没有在第 1 卷中交代公元前 435—前 432 年这 4 年里事件发生的年代顺序。该卷的第 24 节也明显需要注明年代。

第四讲　修昔底德(续)

第一节　演说

历史学家要做的不仅仅是记述历史事件。其职责应该是向人们阐释这些事件为什么会发生,并揭示出影响事件的各种因素。历史学家要理解历史事实的意义,就必须要探察人物的性格和动机,并且了解他们行事的处境。因此,历史总是包括心理重构,而这种重构是由作为个体的历史学家在头脑里完成的,必然要受到其自身禀赋和心理分析能力的影响。有人曾说一个能精确、真切地描绘出拿破仑复杂性格的作家,在魄力上应该和拿破仑是对等的。这当然言过其实了,因为毕竟还有心理想象这回事。然而,主观过程永远都无法消除。当代史家与非当代史家在这方面存在着

不同的问题。前者和同时代的政治人物生活在同一社会环境下,有着相同的思想视野,因此会有更多共同的感受;但另一方面,他通常会不可避免地持有一些个人偏见。后世的史家期望能比前者更客观公允,但也不能希图在一定程度上摆脱他自己那个时代的评判标准;这些内容都已经渗透到他的头脑里,一定会影响其重构历史的动机。

修昔底德则以其戏剧化的方式将这些不可避免的主观因素隐

藏起来。在记述那些在公共事务中发挥重要作用的人物时，他会通过这些人自己的行为和演说来恰到好处地展现出他们的品质和性格。作者像戏剧家那样待在幕后，只时而走到台前对出场人物做一下介绍，简短得就像在报幕，或者要么说一下别人对他们的看法，要么就是同时代人对他们的印象。修昔底德的原则是他本人不做任何评判，在这方面很少有例外。

　　一些政治人物的部分性格特点是通过演说反映出来的，现在我必须就此谈一下。这是修昔底德写作艺术上的一个重要特点。希罗多德在运用演说方面已有先例，但是修昔底德却另有目的，在使用的规模上也大不一样，并使之适应一种不同的写作方式。他会明确指出这些演说是什么情况下发表的，都说了些什么。有些演讲可能是他亲耳听到的，但全部精确地记录下来是不可能的；有些演讲则只能靠别人的转述。其通常的方法是掌握演说者的主旨和意图，通过这些文本来写出这个人可能会说什么。很明显，这一原则使作者有很大的自由度，根据他提供的信息来看，修昔底德记述的演说辞和实际上说的有很大的出入。这些演说辞都明显带有修昔底德的风格，就像欧里庇德斯剧中的各种角色都用相似的文辞一样。追求风格上的一致是古代大多数文学家们一个共同的写作原则；他们不愿在行文中引述或者插入素材中的原话（*ipsisima verba*）。修昔底德偶尔也会暗示出这些人物演说的独特风格。譬如在阿基比亚德斯的演说辞中就有一两处显露出他"富于说服力的"演说风格[1]。但这种方式通常用得都很谨慎。在刻画人物时，修昔底德一般是不借助他们个人的演说风格的。伯里克利的演说会带给人理想主义政治家崇高的爱国主义热忱；克莱昂的则给人迂腐说教的印象。但是他们的文辞是一样的。埃斯库罗斯剧中的保姆虽然也以埃斯库罗斯的方式说话，也能表现出其唠叨的一面；索福克勒斯剧中的警务人员尽管并不说警务人员特有的语言，其

109

110

幼稚也表露无遗。

尽管修昔底德始终是修昔底德,但就其行文风格而言却有着显著的差异。这有些偏离主题,就不详述了;要想公允地评价上述这些作家的写作风格需要再开设一门讲座。仅就修昔底德而言,我猜想他以不同的行文风格来处理不同的主题是有特定意义的。对任何读者而言,叙述和演说都是明显不同的,而且演说本身也有显著的差异。人们时常攻击修昔底德的著作过于隐晦,恐怕他难辞其咎。但其著作就整体而言,则并非如此。其叙述通常是清晰明了的。如果只看叙述部分,我们根本不会想到用晦涩一词来描述修昔底德的著作。但对演说部分不加区分地描述也是不正确的。一些演说辞流畅而简明;一些则相当晦涩;我们还会看到一些演说辞的段落相比其他部分格外简略,如狄奥尼修斯①指出的,我们可以称之为谜语,比赫拉克利特(Heracleitus)②谜语般的格言还要隐晦。[2] 我认为这种晦涩和费解——即使是希腊人也和我们一样难以理解——大体上是对其卓越才具的一种证明。但是是什么导致这些内容令人费解呢? 这是行文风格上的技巧造成的。修昔底德无疑受到高尔吉亚的修辞学派的影响,不过这种影响并不是支配性的。他在高尔吉亚的行文风格上又融入了一些自己的特点;但他与修辞学派的这种密切关系清楚地体现在刻意追求从句的对称、用词的对偶以及富于诗意的文辞。通常修昔底德会很好地克制住这种倾向,但在一些段落中又会刻意挥洒其修辞才具,使他的语言变得晦涩费解,这是为了让表达效果更好,故而人为地把语法结构打乱了。这些段

111

① 狄奥尼修斯(Dionysius of Halicanassus,卒于公元前五年后)希腊历史学家,生于哈利卡纳索斯,约公元前 30 年移居罗马,著有《罗马古代史》,在《论修昔底德》和致 Gnaeus Pompeius 的信中对修昔底德做了批评。
② 赫拉克利特,著名的以弗所哲学家,活跃于公元前 500 年左右。其见解大量以警句的形式保存下来,很多意涵都不明确。

落,希腊人听上去就像摆脱了韵律束缚的颂诗。狄奥尼修斯的评论很有启发性,指出有两段明显有这类(他所认为的)毛病——雅典人和米洛斯使节的对话,以及内乱在心理和社会层面的反映。这两个例子说明他曾仔细研究过这类技巧——"晦涩且文法复杂的行文风格"。我现在没有时间,也觉得没有必要对此进行详细阐述,但可以举一个简短的例子。这个例子是伯里克利的国葬演说中关于阵亡将士的:οἷς ἐνευδαιμονῆσαί τε ὁ βίος ὁμοίως καὶ ἐητελευτῆσαι ξυνεμετρήθη. [3] 我们要是以还算过得去的英语来表述的话,只能像这样翻译:"对他们而言,生何以度量,福也,终也,二者具为生之度量者也。"但这不过是意译,并不能达到希腊文原有的效果。要是直译的话,则是"对他们而言,生命是这样度量的,是幸福的,终也是如此"[①]。（即使这样也没有表达出不定过去时ἐνευδαιμονῆσαί的效果,这个词使人联想到希腊一句家喻户晓的名言,即只有在死后,才能评价这个人一生是否幸福。）但是,如果说译出来的英语是晦涩的、无法忍受的,那么对狄奥尼修斯这样的希腊人来说,希腊语原文差不多也是如此。

那么行文风格上的这种显著变化有意义吗？这是单纯的心血来潮吗？修昔底德突然使用这种颂诗式的散文体,仅是因为一时兴之所至吗？这种突然变化既不是艺术上的,也不是希腊语上的。如果行文风格上的差异是与叙述和演说两者的特征相对应的话,则是可以解释得通的。演说都是为了中断原来情节的叙述;这样还可以引入希罗多德通过偏离主题才能引入的各种话题,从而起到戏剧中歌队的功用。因此,我们不应该由于文辞和写作技巧上相应的变化而惊讶。而且,行文风格上的这种差异还扩展到了演说辞本身。

112

---

① "For whom life was made commensurate, to be happy in and to die in, alike."

当修昔底德使用这种我们所谓的不自然的行文风格时,也是他自我介入而变得晦涩的时候,他总是要表达自己的见解。这就是我接下来将要向诸位讲解的。为了证实这一观点,我提请大家考虑以下几个方面。(1)在思考希腊城邦内的党争问题时,尽管没有使用演说,但仍属于此类方式。原来的情节叙述被打断了;这实际上是作者的一篇演说。此外,这只是明显运用这种不自然文风的案例之一,对此狄奥尼修斯也曾评论过。作者在这里采取这种方式来表述自己的见解。(2)还有和米洛斯岛人的对话。无论我们像一些人那样认为这场讨论从来没有发生过,还是相信其真实性——我自己是相信的——均会承认这场确实发生过的会谈就存在于这些虚构的描述中。我会在另一个相关问题上再次回到这场对话上来。现在我要指出的是,修昔底德在这次对话中使用这种不自然的方式显然是为了做政治分析。我们像狄奥尼修斯那样就此与阿尔基达莫斯(Archidamus)和普拉泰亚人的对话做一下比较。那里使用的是正常的方式,显然给出了特定场合下对话的大意。(3)我的第三条论据来自对伯里克利两次演说的比较。他在战前发表的演说是那样流畅、简明,甚至令狄奥尼修斯都无可挑剔;同时又完全与当时的环境相切合,无疑也表明了伯里克利的观点。但是在另一处,当伯里克利已不受民众欢迎时,他在为自己开脱的演说中,又出现了晦涩的内容,招致了狄奥尼修斯的批评,而且这些言论是任何一位想重新赢得公众支持的政治家决计不会说出口的。[4]

我推断,当修昔底德以这种不自然的文风写作时,他是想示意读者此处与他本人有关,即作者本人要发表见解了。当以正常的风格写作时,他提供的内容则出自文献资料。伯里克利在战争伊始做的演说事实上来自文献。

现在我要验证一下这个推论,我觉得这很有趣味。伯里克利的国葬演说（*Epitaphios*），总体而言，是以这种不自然的行文风格编撰而成的。[5] 正如我认为的那样，演说中含有伯里克利本人的一些话语；但是文风总体上是晦涩的、文法是错综复杂的，不过我们会谅解，甚至可能从中找到一定的乐趣，譬如精神如此崇高，想法如此之好。现在我们已经注意到，这次国葬演说不同于其他演说，并没有直接反映当时的战事，而且伯里克利说话的口吻也不合时宜。[6] 在战争开始的第一年，没什么重大的行动，也没什么著名的英勇事迹，这篇针对此次阵亡的雅典人的致辞基调更适合温泉关战死的英雄们的葬礼。我认为修昔底德是在借此机会使伯里克利引起人们的注意。此处，伯里克利把雅典描述为一种理想典范；这位史家的目的是向大家表明伯里克利是一位理想主义者。当时的场合与演说者如此高的基调非常不协调，这给人们留下了深刻的印象，即伯里克利不但富有政治才华，而且还有着超出现实的想象力，这种印象是修昔底德为伯里克利精心设计的。

115

　　如果有人要求你将"他是一位理想主义者"这句话译成古希腊文，我想，你可能不会找到比下面这句话更恰当的表达了：ζητει ἄλλο τι, ὡς ἔπος εἰπειν, ἢ ἐν οἷς ζωμεν.[①]这就是克莱昂（在他关于米提莱奈人的演说中[7]）对雅典人的整体描述，但这种表述对他本人则并不适合；我认为这是对城邦精神（*êthos*）和伯里克利性格的一次隐蔽的攻击。依我看，克莱昂的演说和狄奥多托斯（Diodotus）针锋相对的演说，很多内容完全是修昔底德杜撰的。你们应该还记得狄奥多托斯的演说含有对惩戒的一般性理论的思考——这是文学作品中就这个话题进行的最早的讨论。而且，我们还从别的证据中了解到，这个问题与伯里克利有着特别的关联。因此，我敢说修昔底德想在演说中表明，这种对米提莱奈（Mytilene）反叛者更为

---

① 字面意为"想我们现实生活以外的事情"。

116　　宽大的处理方式是与伯里克利的政策精神相一致的。但人们可能会提出，尽管有这种精神，但在文字表述和逻辑上并不一致；我认为克莱昂的演说就暗示这一点。正如我认为的那样，演说者在隐晦地攻击伯里克利的理想主义，在他对学识的贬低和批评中给人以反对伯里克利的印象，但同时又套用了伯里克利演说中的一些表述："帝国即专制""不必为善"。此处，修昔底德不仅探究了这两位政治家间的对立，还分析了伯里克利的帝国主义内在的困境。

第二节　对历史人物戏剧化的处理

　　演说通常被用于两种目的。首先，作者用其解释事实和某种局势的形成因素，以及隐藏的动机和想法。在某些情况下，演说只是掩饰作者本人分析的一种戏剧化的手法。因此，对雅典和斯巴达这两个重要城邦特点的描述出现在了作为第三方的科林斯人的演说中；这段比较两个城邦特点的著名论述无疑出自修昔底德本人。但在另外一些情况下，他又将政治家个人实际发表的言辞——就演说的大意而言，这是真正的政论文献——作为解释事态发展最有效

117　　的方式。一对演说分别从截然相反的观点出发，分析了两大争夺霸权的城邦在这场即将爆发的战争中的比较优势。[8] 他对西西里远征前景和困难的分析也是以这种方式进行的。

　　此外，演说还有第二种功能——在此，我要回到前面提到的话题——被用作客观的戏剧化手法来呈现人物的性格特点。[9] 这些性格特点是修昔底德筛选出来的。把伯里克利、克莱昂、布拉西达斯、尼基亚斯（Nicias）以及阿基比亚德斯的演说与他们各自的行动结合起来，就会揭示出这些人的性格特点，这似乎正是作者记述事件所需要的；也就是说，在他看来，这些人物天性中的那些特征，左右着他们在公众场合的行为，或者他们的政治影响。其总体设想

是这些人物和事件一样应该发声，或者让其为自身发声，作者要尽量少说，最好不要直接给予评论。

这种方式给人一种错觉，仿佛这些人物不依靠作者就可以向读者展现自己。这实际上表明，如同戏剧家构思剧中的人物，作者早已在内心对这些人物预先做出了评价：这种评价虽然建立在对他们活动的了解之上，仍不过是他自己的主观阐释而已。像一出戏剧的观众一样，读者几乎完全在作者的掌控之下。由于根本不知道史家是如何得出了结论，读者也就丧失了自己做出正确判断的能力。

我们可以在克莱昂和尼基亚斯这两个案例中看到演说的这种运用方式。修昔底德对政治家克莱昂的性格有着独到的见解。他通过克莱昂的行为以及民众对他的看法向我们揭示出其性格特点。在描述克莱昂是一位在民众中颇有影响的领导者并且言行方面较为极端时，修昔底德只是陈述了一个公认的、众所周知的事实。克莱昂关于莱斯波斯问题的演说显示出他爱教训人的性格。要是克莱昂在普洛斯的指挥以失败告终的话才是万幸，城邦会由此摆脱克莱昂，这种尖刻的评论不是以史家的嘲讽出现的，而是作为部分雅典民众的看法被提及的。但是，当修昔底德声称持这种看法的人是"明智的"（σώφρονες）的时候，就几乎不再掩饰个人见解了；作者是在有意流露出对这种看法的赞许。看过涉及克莱昂的情节后，任何读者都会明白，在作者的心目中，克莱昂是个令人厌烦的煽动家；但是在一段记述里，[10] 修昔底德则完全摈弃了这种戏剧性手法的含蓄，直言不讳地指出这位政客不愿结束战争是由于他包藏着邪恶的动机。

尼基亚斯被刻画成一位尽责的爱国者，有着很高的声望、行事谨慎、富于经验，但不具备一流的才干，害怕担责任，还对公民大会心怀恐惧。他可能是修昔底德以戏剧性的艺术手法描写得最成功的人物。尼基亚斯所有这些性格特点都是通过他的言行显示出来的。但在这个例子中也是如此,作者再次站出来,直接道出促使尼基亚斯谋求和平的动机。其动机源于自私的天性:他看重的是自己的声望;他希望"在还没有遭受失败,仍然具有较高声望时,能维持住他的好运;他想自己安逸些,同时也让民众能够休养生息;他希望享有从未给城邦带来灾难的美名,使自己被世代传颂;为此,他认为最好不要希冀运气,要尽可能地避免冒险,这就得依靠和平"。[11] 可见修昔底德的嘲讽之意溢于言表。此外,在最后一个场景中,即尼基亚斯在叙拉古被处决时,史家还上场发表了对死者的看法。这经常引起后世的误解。人们认为这是一段颂扬之辞;但实际上却是怀有恶意的。依我之见,修昔底德想说明由于具有传统美德[12],尼基亚斯是雅典人中最不该遭此厄运的。换言之,一个有着传统美德的人,不该有这样不合常理的结局。这是一种修昔底德很少使用的嘲讽;它实际上暗含了修昔底德一直隐忍的看法,即虽然尼基亚斯是一位品性无可指摘的模范人物,但雅典真不该信赖他。

在记述阿基比亚德斯时,修昔底德详细描述了他的奢靡并展示了其私生活方面的情况,因为这些都直接影响到雅典民众对他的态度,也关系到他的公职以及战争进程。修昔底德同样以其言行来揭示他的性格;傲慢和野心在其演说中显露无遗,而且在我看来,措辞强硬似乎是其说话的特点。修昔底德避免直接评论他的品性,而是着重记述了他供职期间的表现,指出雅典民众一直对他心存疑虑,致使他不能充分发挥才干。

在记述泰米斯托克勒斯、伯里克利和安提丰时,修昔底德则一反常态地发表了自己对他们品性的看法。就泰米斯托克勒斯的事例而言,这种例外会被认为是必要的,因为泰氏并没有进入主体叙述,就不能通过戏剧性手法来展示他的性格。这一原因可能也部分地适用于伯里克利，因为当他出场时，他毕生从事的事业已临近尾声了。对安提丰才干的赞许性评价可以解释为他在政变前还几乎没有登上政治舞台，其政治生涯过于短暂。颂扬安提丰实际上是修昔底德的个人意愿，透露出两人的友情也能被解释通。事实上，修昔底德虽然总是使用戏剧性手法，但并没有将其贯彻到底。

值得注意的是，修昔底德几乎所有的评论都是关于人物的才智和政治才干的。例如泰米斯托克勒斯、伯里克利、安提丰、泰拉曼尼斯（Theramene）和赫尔摩克拉泰斯（Hermocrates）他们在政治上的才干都或多或少受到过赞许，其中泰米斯托克勒斯还被称为政治天才。

关于许佩尔波洛斯（Hyperbolus），我要多说几句了，因为这有助于说明修昔底德的写作手法和政治倾向。从《五十年和约》到西西里远征这段时间里，由于当时领导人尼基亚斯和阿基比亚德斯的对立，政治派系的分歧致使雅典在对外政策制定上陷于瘫痪，实施上也失去了连续性。当时的形势异常严峻，唯一的解决办法似乎就像煽动家许佩尔波洛斯提出的通过陶片放逐法审判、流放其中一位领导人才能挽救城邦。阿基比亚德斯虽然没有和他的对手联合，但至少与大批寡头派人士联手才粉碎了这场图谋，流放了许佩尔波洛斯。修昔底德自然清楚这一事件，明知这对雅典的对外政策有直接的影响，却对此事不加理会。我们一定会猜想由于放逐的伎俩失败，这两位领导人的职位均未因投票而发生变动，所以修昔底德认为没必要过多记述这一事件。然而我们必须承认，如果一位现代史家忽略这件事，或者依据他的写作原则根本不做记述，则不可避免会受到批评。但修昔底德在相关事件中提到了这次放逐，却没有说明发生的时间，也没有以任何方式暗示其意义。许佩尔波洛斯于公元前411年在萨莫斯被处死。修昔底德对此有所记述，还提到许佩尔波洛斯已经遭到放逐。尽管在克莱昂死后

121

122

他是公民大会中最有影响力的演说家之一，这却是修昔底德唯一提及这位煽动家的地方。我们可能会猜想修昔底德漠视这位政治家正是由于他一贯不理睬诸如欧克拉提斯（Eucrates）和吕西克勒斯（Lysicles）之流。修昔底德的这种缄默就相当于侧面的批评，消极地表现出对他们的蔑视；但无疑修昔底德也可以用文字把许佩尔波洛斯描写成坏人。修昔底德告诉我们许佩尔波洛斯被放逐，不是因为他被视作危险人物，而是因为他卑鄙无耻，玷污城邦。阿里斯托芬也用了这个侮辱性字眼μοχθηρός（"卑鄙无耻"）来形容他。[13] 我们可能注意到了修昔底德是如何打破他的切题原则的。

123　许佩尔波洛斯这个人物既不重要也并不令人感兴趣，此时修昔底德评价其品性已经偏离了他的叙述。而且，他所记述的许佩尔波洛斯被放逐的原因并不确切。姑且不论许佩尔波洛斯是否玷污了城邦，他并不是因玷污城邦而遭到放逐的。假如阿基比亚德斯没有授意他的拥护者在本应写上道德高尚的尼基亚斯名字的贝壳上写了许佩尔波洛斯的话，他原本是不会被放逐的。我们对他知之甚少，但绝不会认为修昔底德对他的评价是客观公允的。修昔底德对克莱昂和许佩尔波洛斯这些颇受民众拥戴的领导人明显怀有很深的厌恶情绪，不能给予他们应有的公正。即使不对修昔底德和克莱昂之间个人的怨恨做进一步的探究，这种强烈的厌恶情绪也足可以解释他对克莱昂的评述。总的来说，克莱昂受到了这位史家的责难。[14]

第三节　理性主义的历史观

修昔底德虽然自己隐身于幕后，却通过人物自身的言行将他们的性格特征呈现出来，但他并没有迂腐到一贯坚持这种写作手法。以"戏剧化"来描述修昔底德的这种艺术手法可能比较恰当。实际

124　上"戏剧化"一词已经从另一个层面被用于描述其历史著作了。有

学者认为他是以一部悲剧的模式来审视整场战争的，在这部悲剧中西西里远征致使雅典的命运发生了逆转，或者说戏剧情节上的"突变"（*peripeteia*）。最近 F. M. 康福德先生又进一步发展了这种观点，其卓越的研究试图证明修昔底德把埃斯库罗斯的一些观念加入到对战争进程的记述中，像戏剧那样，让"命运之神"（*Tyche*）、"傲慢之神"（*Hybris*）、"劝说女神"（*Peitho*）和"欲望之神"（*Eros*）这些神秘的力量在幕后推动事件的发展，鼓动着事件的参与者。这一点只有敏锐的学者才会洞察到，而该著作给一般读者的印象是其对政治事务的记述均为事实，可见修昔底德的史著有多出色。我认为，修昔底德这种行文风格事实上受到阿提卡戏剧的影响并不比高尔吉亚的修辞学派少。康福德先生这本专著的一大成就在于阐明了这种影响。但是如果我们仔细思考过修昔底德本人明确的陈述，就会发现修昔底德那些悲剧化的措辞、对往昔的追述，以及间或使用的悲剧化的嘲讽不过是形式上的，他显然并未试图用典型的悲剧发展模式来记述这场战争。

　　修昔底德对雅典衰落原因的认识显示出他与希罗多德在看待世事上的差异。那位前辈史家在记述波斯势力的衰落时，认为在情节的发展中超自然的控制力和天谴的神秘作用凌驾于参与者之上。而这位后辈史家只承认一种外部影响，他将这种难以预料的因素称之为"命运"（*Tyche*）。希罗多德在对历史和人生的解释中，就渗透着这种认识，即认为某个城邦的衰落抑或某人失去显赫的领导地位，是由于某种超自然的力量不能容忍人类的骄狂，因为这会造成人精神过度亢奋，还致使蛮横和鲁莽行为的滋生。在修昔底德记述的一次演说中，这种神人同性的观念被转化为干瘪的法则："衰亡是人世间事物的本质特征。"[①]然而，很难说他毫无保留地

125

----

① 参阅 ii. 64。

相信这一法则(可在伊奥尼亚哲学家处找到)。他对战争进程的分析和战争结果的解释显示出命运中不可预料的因素所起的作用并不是决定性的。虽然该因素促使雅典走向衰落,然而若不是人为的失误,其霸权原本是可以维持下去的,能够经受得起战争的考验。

126　　在战争初期,有两个事例显示出这种难以预料的因素的影响。首先是瘟疫。尽管瘟疫很严重,伤残人数甚至超过了接下来几年前来进犯的兵力总和,但并没有使雅典人遭受灭顶之灾;瘟疫对雅典人最严重的影响是心理上的打击,伯里克利由此而遭难。另一感叹命运的事件则是一桩好事,由于机缘巧合,雅典人在普洛斯交了次好运。正值瘟疫使他们万般沮丧之际,这次胜利令他们欢欣鼓舞。但是他们并没有抓住时机达成有利的和约以结束战争。几年之前雅典人原本可以欣然缔结任何有利的条款,可他们却向往着新的征服。然而,后果并不是灾难性的;公元前421年的和约同样不过维持住了均势而已。

公元前415年他们准备征服西西里时,已经从瘟疫和战争的打击下恢复过来了。这次扩张计划的彻底失败才是雅典逐渐走向衰落的开端,这主要是由于雅典内部的分歧以及后来波斯的干涉导致的。一位现代史家曾指出,西西里远征这一疯狂的举动,是全体民众变得不可理喻的一个事例,可以与克里米亚战争中英国的表现相比拟。但修昔底德并不这样认为。他指出,而且特地以自己的名义说,这并不是方案制定或者实力估测上的失误,如果能够得到完全拥护、实施得当的话,雅典是会取得胜利的。这位现代作家的结论多少受到道德思虑的影响,而修昔底德的结论则没有把道127　德准则考虑在内;他考虑的只是就雅典的实力以及遭遇的抵抗来看,将帝国扩张到西西里的图谋是理智的还是愚蠢的。他将扩张计划的失败和随后几年的厄运归于城邦内部的派系倾轧;同样,他将这场战争初期的处置失当归于政治家们彼此间的嫉妒。换言之，雅典霸权的衰落关键在于伯里克利没有合格的继任者。当其政府不再由一位有才干的领导者掌控时，城邦便开始由盛转衰了。

即使在西西里远征后，局势也还是能够挽回的；这是因为阿基比亚德斯，一个像伯里克利一样的人，被选为领导者，倘若雅典人也能信任他就好了。这也是修昔底德对阿基比亚德斯的看法——我认为这一点是毋庸置疑的。他认为雅典民众对阿基比亚德斯的猜疑在很大程度上造成了城邦的衰落；因为阿基比亚德斯在指挥作战方面实际有着非凡的才干。[15]换言之，倘若把领导权交托给他，结局会大不相同。人们对他的猜疑是由于其有些傲慢的炫耀和私生活的奢华引发的，这些还激起了民众的嫉妒和对他想做僭主的疑虑。尼基亚斯抨击他骄奢（λαμπρότης），而这正是他本人所引以为荣的。[16]阿基比亚德斯的政治生涯和前一个时代雅典杰出的政治家泰米斯托克勒斯有许多惊人的相似之处。两人都遭到雅典的放逐，图谋与敌人联手对付雅典；而且阿基比亚德斯和泰米斯托克勒斯一样成了波斯人信赖的顾问。修昔底德还指出两人另一个相似之处是骄奢（λαμπρότης）。他把泰米斯托克勒斯和波桑尼亚斯描述成那个时代希腊最骄奢的人（λαμπροτάτους）。对泰米斯托克勒斯和阿基比亚德斯而言，使民众怀疑他们想当僭主是两人共同的弱点。这一比较表明对泰米斯托克勒斯的记述偏离主题正是为了说明这一点。史家在很多事件中的观点都可以由此得到解释。雅典造就了泰米斯托克勒斯、伯里克利和阿基比亚德斯，三人均具有领导这个伟大城邦的才干，一种他人无法习得的禀赋。但其中两人跌入了骄奢的泥潭，自毁前程。只有伯里克利能够避免犯这样的错误，赢得公众的信任，并且能保持住这种信任。我发现这一对比使伯里克利的国葬演说中的一处有名的措辞具有了特殊的意义。伯里克利本人是喜欢美好的事物但并不过度（φιλόκαλος μετ' εὐτελείας），他并不奢靡（λαμπρός），虽然也醉心于个人嗜好，却没有过度的或令人侧目的花费。

这一分析是史家通过自己的评论给出的，不仅完全消除了人们对厄运和天谴莫名的迷信，取代了希罗多德所讲的神意（Providence）的位置，也打消了读者对事件的过程和起因做深入研究的念头。修昔底德涉及的纯粹是人为因素；最终责任要由人的头脑来承担。一些事情虽然难以预料但并没有什么难理解的。正如伯里克利所言，事件的进程有时和人头脑中的想法一样，皆是理性不能把握的。修昔底德并不认为瘟疫是出于神意。它不过是一件难以预料的事情，正如你不能预见到敌方的行动一样。希罗多德相信神谕蕴涵着神秘的智慧；修昔底德间或也提到神谕，但对他而言，神谕唯一的意义在于对信者起到的心理影响。至于神谕预言战争将持续 27 年，修昔底德只是冷冷地评论道，这是相信神谕的人唯一一次能够说预言已经完全应验了的机会。此处，修昔底德的立场与阿那克萨戈拉斯（Anaxagoras）以及伯里克利的立场并无二致[17]。哲学家们已经确立了普遍规律的支配地位，他们的著述对修昔底德还是有一定影响的[18]。运气对修昔底德和我们而言意味着同样的事情；它并不表示外部意志或变幻无常的干扰；只是指一种不可预见的因素而已。修昔底德承认这种不明因素所起的作用，但并不认为存在"不可思议的事物"。而且，他还把这种不明因素对人类生活的影响缩减到最低。伟大的哲学家阿德贝拉人德莫克利特（Democritus of Adbera）曾说过："命运只是人们塑造的一个偶像。人们这样做不外乎是为自身的无能开脱。事实上，运气很难与智慧相抗衡。明智的人能够以其洞见在一生的大部分事情上获得成功。"[19]德莫克利特的这些话也可以看作是修昔底德的箴言。

修昔底德在解释历史进程时，就悲剧这个词的本义而言，并没

有涉及视这场战争为一部悲剧的一些要素。他认为不存在神秘的
支配力量、厄运和天谴，也没有注定的命运法则，危急时刻更没有
道德规范可言。灾难所揭示出的教训也起不到规范道德或净化心
灵的作用。这场战争使政治家和将军们得到教益；然而这些教益
无疑与从埃斯库罗斯和索福克勒斯的悲剧中获得的大不相同。修
昔底德间或会用到一些被悲剧作家们赋予深意的文辞，但并不会
使我们产生歧义。正如现今的作家完全不理会超自然的事物，他
们却使用诸如"命运""厄运""天谴"这些字眼，修昔底德为了表述
上的方便，借用悲剧中人格化的抽象概念也就不足为奇了，但他绝
不是意指超自然的事物。正如即使我说自己受到某个祸人的神异
或躁动的恶魔驱使做了某事，你们也不会把我的所作所为归结为
我对这些神异或者恶魔信仰之过。因此，修昔底德虽然偶尔以悲
剧诗人的文辞表达内心的感触，但这并不能说明他是以悲剧诗人
的视角来看待历史的。

131

第四节　政治分析

人们总是力图窥视隐身于幕后的修昔底德，希求探明这位秉性
含蓄的历史学家个人的政治观点或倾向。狄奥尼修斯，作为一名
评论家虽然论点不够深刻，还时常表现迟钝，但偶尔也不乏真知灼
见。他指摘修昔底德明显缺乏爱国热忱，甚至可以说对希腊和雅
典心存恶意。"他从希腊世界的衰落写起。一个希腊人而且是雅
典人是不应该这样做的，对于一个没有被放逐过还被雅典人推举
为高级将领的人更是如此。本可以将战争责任推卸给其他城邦，
但他却如此恶毒地将战争爆发归咎于自己的城邦。他本可以不从
科西拉事件写起，而从波斯战争后雅典最兴盛的阶段开始，并且本
可以指出是拉凯戴蒙人出于对雅典兴盛的嫉妒和恐惧，即以其他

132 原因为由引发战争的。"[20] 我们分析后会发现这种评论主要涉及到第 1 卷的内容,[21] 而且正是这些记述给狄奥尼修斯以修昔底德不爱国的印象。

另外,一些现代评论家认为对战争起因和开战第一年的记述实际上是为伯里克利的政策做辩护,甚至暗示作者为了显示伯里克利的政策受到欢迎而篡改并隐瞒了部分事实,还淡化了一些内容。这种观点明显与狄奥尼修斯的相悖;它间接地表明修昔底德在伯里克利当政期间以及战争爆发时对雅典持同情态度。

事实上这些给人印象截然相反的记述,恰是作者审慎、公允的明证。狄奥尼修斯的批评是基于后来他那个时代的原则,即一个历史学家的责任是爱国,为此可以在所不惜,甚至放弃严谨的评判尺度。这足以批驳那些攻击修昔底德对雅典心存恶意的指摘。另外,认为修昔底德完全是伯里克利的崇拜者,刻意吹捧伯里克利的方针政策,并像政客一样为其辩驳,这种看法明显是有道理的。由

133 于这直接关系到作者对历史和政治的态度,我们必须加以细致地考虑。

我们已经看到修昔底德是如何称颂伯里克利的政治才华的,他还使我们相信要是伯里克利还活着,或者有一个像他那样的继任者,那么战争的结局将会有利于雅典。但是这种司空见惯的认识应该与那种富有洞察力的批评相一致。他虽对伯里克利称颂不已,但这并不意味着他看待所有事情都以这个政治家为准,或者持有与其一样的政治信念。依我之见,和在其他案例中一样,在这里他也冷静地做出独到的判断,并毫无顾忌地表达出自己缺乏威信的观点。

我们应该给予伯里克利的演说足够的重视。首先,我要从伯里克利在国葬演说(*Epitaphios*)[22] 中对雅典民主制的颂扬说起。这些溢美之词意味着雅典民主制是一种理想的政体形式(*politeia*),

但这和修昔底德的见解并不一致。修昔底德曾明确指出，在"四百人"政权倾覆后建立起来的短暂的政体形式不仅优于民主制，而且还是他有生之年在雅典享有的最好的政体形式。[23] 换言之，他并不认为民主制是最好的政体形式。其次，我们还可以切实地感受到伯里克利对雅典的煽情描述引人入胜，但在史家看来与现实并不相符，认为不过是伯里克利的理想而已。而且，修昔底德很清楚，宣扬雅典是希腊人文教育的学校是会遭到其他城邦嘲笑的；事实上，这一观念直到伯罗奔尼撒战争后才发生改变。而且，确定修昔底德是否支持伯里克利将全体阿提卡居民迁到城里的政策似乎是困难的。但他对这一安排导致的可怕后果进行了详尽的记述，并不遗余力地指出它给民众造成了何等惨重的损失，这都表明他认为伯里克利的这一举措是极不明智的。

134

　　他确实将伯里克利看作是当时引导雅典决策的最为成功的政治家。但他在观察伯里克利时，和对其他事件中的人物（*dramatis personae*）一样都不露声色。而且，在我看来，他在表述这位政治家某方面的见解时，隐约流露出嘲讽的意味。

　　修昔底德这种引人注目的冷漠超然之态给人以不爱国的印象。他只让每个党派都去陈述他们的理由。然而，尽管他不是以爱国者的心态而是以历史学家的态度从事写作，其叙述所围绕的中心却一直是雅典而不是斯巴达，是雅典帝国而不是伯罗奔尼撒同盟。对于一些存亡攸关的大事和如何卷入这场战争的争论，我们希求的不是史家所持的政治见解，而是他在记述政治事件中所持的态度。

135

　　他的兴趣集中在雅典帝国上。在对战争结局的一段分析中，他完全是从雅典人的视角进行阐述的。对于雅典帝国的实质，他也没有不切实际的幻想。在第 1 卷中，他并未掩饰雅典人是以不道德的方式取得帝国的，而且指出雅典帝国是不受欢迎的，还安排了一场演说,从一个臣属地位城邦的立场对雅典帝国进行控诉。不仅是与雅典敌对的人,连雅典人自己的演说者都指出雅典帝国是一种专制统治,不是基于正义而是基于强权。雅典的一个外交使节在斯巴达的公民大会上毫不掩饰地讲出雅典帝国是他们靠自信和雄心赢得的,还以弱者被强者奴役是人的本性为此辩解。① 伯里克利则更加直言不讳、态度强硬。② 他说:"你们拥有的帝国是一种僭主政治,过去取得帝国的行为是不正当的,现在要是放弃它则是危险的。"还说:"为谋求最大利益而招致怨恨的人是真正明智的。所招致的怨恨与目前的荣耀和将来的声誉相比是无足轻重的。"虽然帝国是以不正当的途径建立的,虽然帝国并不受欢迎,但在这里,伯里克利以权力、财富、荣耀为由为帝国辩解。他反对主和派——

136 οἱ ἀπράγμονες——因为他们总是顾及正义问题。如同近代英国的沙文主义者鄙视小英格兰主义者(Little Englanders)③那样,伯里克利对主和派也持同样的态度,只是带有更多的嘲讽。他嘲笑主和派凭道德准则行事,认为那不过是为了掩饰怯懦而已。阿基比亚德斯在鼓动西西里远征时指出积极的侵略政策是帝国所必需的。雅典的敌人赫尔摩克拉泰斯也不是依据道德准则来控诉雅典的扩张政策的;他说:"雅典人推行这种一味攫取利益的政策,对此我完全可以理解;我并不是谴责那些谋求建立帝国的人,而是要谴责那些准备臣服的人,因为统治屈服者和抗击侵略者都是人的本性。"④

赫尔摩克拉泰斯和雅典人都从人性的本能角度为建立帝国开

---

① 参阅 i. 73 - 76。

② 参阅 ii. 63 - 64。

③ 在 18 世纪末和 19 世纪,该词被用于指反对英帝国扩张,主张限制英帝国的领土范围和职责,将政治、经济和防御重心集中在英国本土的英国人。

④ 参阅 iv. 61。

脱。伯里克利也试图寻求某种所谓崇高的理由。在其国葬演说中，伯里克利勾勒出雅典的强盛和文化的昌明。如他所言，雅典的确是以不正当的手段建立帝国，由此赢得了权力和财富，但其理想是让希腊人都来赞颂我们、仿效我们。但这些都不是怯懦地正义和虔敬地待在家里就可以实现的。这正是国葬演说的主旨。

因此，史家不仅自己意识到，也让我们认识到，不能从正义的角度为帝国开脱，除非通过强制力（*force majeure*），否则帝国是难以维系的；尽管用"奴役"这个字眼描述属邦的处境是偏激的，他们普遍不愿意生活在枷锁之下。而且，我们还进一步认识到修昔底德在偶尔表达自己的见解时，从未考虑过正义或道德规范，由此我们可以推断，在他看来那些观念并不能阐明这个主题。他认识到正义的理想是一种实际存在的心理力量，和广受欢迎的宗教一样是政治家不能忽视的。但在评论政治交易中应用正义标准时，他并不认为这有价值，一如他不会过问某一行动是否令神灵满意一样。

狄奥多托斯的演说①倡导对反叛的米提莱奈人实行宽大处理，显示出对这种联系的关注。鉴于这位演说者除此之外，并没有在历史上起到什么作用，这篇冗长的演说一定是史家为了阐明论点才引入的。其主要关注的是排除法律制裁对这个问题的困扰；演说者指责克莱昂引入了一种很不切实际的考虑因素，他本人则完全依据国家理性（reason of state）来看待问题。修昔底德一如既往地保持缄默，不做评论，然而其记述的语气则显示出他赞同宽容的政策；而且他选用克莱昂和狄奥多托斯的演说是为了推动情节发展。当修昔底德不是在使用记录时，他大量运用他的这种行文风格来推动情节发展，这一事实显示出他对政策制定逻辑的关注。

①参阅 iii. 42 - 48。

137

138

古希腊历史学家

由米提莱奈辩论，我们会想到雅典人和米洛斯人的那场著名辩论。你要知道米洛斯是一个独立的城邦，公元前 426 年时，雅典曾试图迫使其加入帝国。这一念头直到公元前 416 年还没有打消，在此期间两个城邦变得敌对起来。雅典远征军到达小岛后，将军们便派使者去要求对方投降。米洛斯人允许雅典使者和他们的政府成员一起召开圆桌会议商讨此事。修昔底德便以对话的形式道出了这次辩论的大意。怀疑这样一场会谈的真实性是不合情理的，修昔底德也不可能会借题发挥。不难猜想，修昔底德可能是从某个知情人处获悉这次会谈的大量细节。

这场对话需要注意的一点是雅典人在争论中排除了正义问题。"Lass unsern Herr Gott aus dem Spass."[①]他们的论点主要限定在政策和国家理性上。米洛斯人认识到这一点后，试图从雅典人限定的范围内找到免遭粗暴对待的出路。于是他们期望引入上天注定的命运以使辩论能对他们有利。雅典人则反驳说，神和人一样认为弱者应该受强者的统治，这是一条自然法则。这与赫摩克拉泰斯以及雅典使节在斯巴达所说的如出一辙。雅典人此时的态度和狄奥多托斯为米提莱奈人争取宽大处理时并无二致，同样是冷酷的现实主义，而且都只考虑到国家理性。修昔底德的读者同情米洛斯人的遭遇，他们的良知和情感会因雅典人对待米洛斯人的态度受到震动。相反，虽然他们同情米提莱奈人，对狄奥多托斯的演说则并不感到惊讶。然而狄奥多托斯在公元前 427 年对待米提莱奈的看法和公元前 416 年雅典人对米洛斯的看法一样，只是将这些城邦视为帝国战略中的棋子而已。同样重要的是，大家还应注意到米洛斯在被围攻前在议事厅的商讨和城邦失陷后民众所遭受

---

① "别拿神灵的名号当儿戏"，引自歌德，《浮士德》第一部，夜（二），瓦伦丁临终前对妹妹格蕾琴说的话。古希腊人一般认为正义源于神，故伯瑞（Bury）教授在此用这句话揶揄雅典人。

的残暴的惩处并无关联。几年前，雅典人也是这样对待斯基奥奈（Scione）的；所有的成年男子均遭杀戮，妇女和儿童全部沦为奴隶。修昔底德对这两件事情均未做出任何评论。然而即使雅典使自己满足于把米洛斯降为缴纳贡金的属邦，这场臭名昭著的对话同样也恰到好处。吞并米洛斯的政策是一回事，处罚米洛斯的政策则是另一回事；修昔底德并未就这两方面表露自己的见解。但是许多评论家认为修昔底德插入这种语带讥讽的对话是为了使雅典的行为受到谴责，甚至是为了显示对米洛斯的征服是远征西西里这一灾难性行动的一个不祥前奏。在我看来，这种见解是经不起推敲的。正如我们所看到的那样，修昔底德总体上并不认为远征西西里是欠考虑的，也没有暗示征服米洛斯会给雅典带来好的或坏的结果。

140

我认为，事实上，修昔底德利用这次圆桌会议清晰地揭示出了政治行为的动机。雅典人在这一事件上的动机和主张，且不论明智与否，并没有什么新意，同样受到帝国野心的支配。这是战争爆发以来，新一轮城邦兼并中的首例，也使史家第一次得以从侵略的角度来分析雅典的帝国主义政策；他早已从维护帝国的角度对此进行了分析。米洛斯对话只是显得更为露骨、直白——这种没有公众的场合给了作家大胆直陈的借口——由这些争论性的演说可知：国家理性而非正义才是应该重点考虑的，它主导着城邦的行为，并值得史家关注。

现在，我们能够从这个角度理解修昔底德的态度了。其目的是从一个独到的政治视角去分析和揭示政治行为。他并不看重道德准则；他的方法是现实主义的，又是超然的；他客观地看待历史，依据实情进行分析。这种不带个人情感的分析方式可以通过现存最早的一篇政论来说明——这篇政论是一位与修昔底德同时代的作家在战争初期撰写的。我指的是那篇关于雅典政制的短论。作者

141

是一位寡头派，坦陈自己不赞成雅典的民主政治。但这篇政论并不是论战性的作品。作者摆脱了个人情感的束缚，使自己从民主派的角度来审视民主制。他运用严密的逻辑推理论证出雅典的政治体制不可能再有所改进了。这位作者和修昔底德一样理智地摆脱了个人见解的束缚，打破了仅从某个特定角度分析问题的逻辑局限性。

这种情况下修昔底德以第一人称反思一些事件时，比如说评论雅典政策或者某位雅典政治家的功过，通常考虑的是其对战争成败的影响。在评价布拉西达斯时，他使自己从斯巴达的角度去赏识这位将军。他认为布拉西达斯的品行、性格以及提出的策略均有利于斯巴达与雅典竞争和扩张势力。对冲突双方的意图，修昔底德均做如实记述，不带有任何个人好恶；在记述一些行动以及采取的手段时，他很少给出带有褒贬性质的结论，仅从这些行动以及采取的手段是否有助于既定目标的实现来进行评判；正如他在刻画某个人物时，仅谈及其才干，但对其目标正当与否、是否值得称道，则不予评论。他从不以道德标准来衡量政策方针和政治家的是非功过。

修昔底德当然早就充分认识到了这些与高级政治（high politics）相关联的道德伦理问题，这些问题已经出现在其史著的戏剧化部分了。在演说中，正义与自身利益经常被提出来，而且是相对立的关系。例如，一位演说者会根据形势指出某项政策既是正义的也是符合自身利益的，或者相对于正义更应该优先考虑自身利益。有时候对正义的思考被简单地认为是无关紧要的。正义实际上只是作为一种心理因素在邦际事务中发挥着作用——毕竟它至少在口头上还是受到尊重的，是褒贬臧否的依据，因此人们不得不顾忌这条原则。然而它实际上起到的作用很小，是次要的：虽然剧作家尽量在小范围内顾及该原则，但还不会无视它的存在，而思想家则对其不加理会。

　　就我所知，我们没有任何理由相信修昔底德认为或打算指出是某种自私的强硬政策导致了雅典帝国的覆灭，或者指出雅典帝国的错误和不智之举之所以是错误和不智的，是因为这些行动只受到自身利益的支配。倘若修昔底德生活在我们这个年代，我们没有理由认为他会指摘加富尔、俾斯麦和狄士累利这样的政治家，这些人都秉承国家理性，所以只有道德家们指责他们有损欧洲的道德风尚。假如修昔底德写的不是历史，而是分析性的政论文，尤其针对雅典帝国的话，他很可能会由此获得另一种世界性的赞誉；那样的话，他会更先取得马基雅维利所拥有的那种名望。

　　修昔底德只关注事实；马基雅维利则提出诸多准则，并指出实施方法；然而，从修昔底德治史所折射出的观点来看，他是认同马基雅维利国家理性至上这一基本主张的。为了维持一个国家，这位佛罗伦萨思想家指出："政治家不得不经常违背信仰、人性和宗教。"在修昔底德看来，国家理性表现为由领袖主宰事务的处理。所比较的要点是这两位历史学家在审视历史和政治时，从政治思考中提炼出来的，并且只在限定的领域中使用这种逻辑。马基雅维利——真正的马基雅维利，而不是传说中的马基雅维利，如制造诸多事端的尤里西斯（*scelerum inventor Ulixes*）①一般——怀着一个理想：意大利是意大利人的，要从异族手中把意大利解放出来。他希望看到在实现该理想的过程中，其纯理论性的政治科学也能派上用场。修昔底德则并不希图实现什么政治目标；他是一位纯粹的历史学家；其旨趣在于调查雅典在维护和丧失帝国的过程中实际上采取的政策。而不考虑惯常的情感和道德规范，是两者治史方式上的一个共同点。

———————————

① 尤里西斯为拉丁语对希腊英雄奥德修斯的称谓。

95

修昔底德对 ἀρετή 一词的特定用法显示出这种联系。有些人认为他对个体的行为和作用并不十分重视。在我看来，这种说法是错误的。由于其与所记录的个体处于同一环境下，他没有以后世史家的方式刻画人物形象。因为，他认为伯罗奔尼撒战争前雅典政策的成功主要应该归功于他所称的"首脑人物"（"the first man"）的才干和智慧。我们从字里行间可以感受到，在他看来，庇西特拉图、泰米斯托克勒斯和阿基比亚德斯也是非常重要的人物。马基雅维利和他同时代的人都信奉个体的杰出作用（文艺复兴时期的一个标志性特征）。他期待一位君主，一个个体的智慧和意志，来拯救和复兴意大利。这两位作家均将个体视为一种政治因素，这纯粹是从才智方面来考虑的。而修昔底德在简要评论寡头派安提丰时就用 ἀρετή 来表述一位能干的政治家所具备的才智、机敏和意志力，且与 ἀρετή 这个概念通常的用法迥然不同。① 我们将修昔底德所用的 ἀρετή 译成现代语言的话，可以和马基雅维利理论体系中的一个关键词 virtù 相对应，这是一种弗朗西斯科·斯福尔扎（Francesco Sforza）②和切萨雷·博尔吉亚（Cesare Borgia）③所具备的才气。[24]

我们必须理解修昔底德这种只关心国际政治的态度，毕竟其著作的主题是国际政治。除非附带提及，城邦的内政通常不会进入他的视野。当他转而记述党争对希腊诸邦内部造成分裂的影响时，他也认识到道德信仰和宗教约束具有凝聚社会的重要作用。尽管后者同样有着使一个城邦繁荣昌盛不可替代的价值，但在民

---

① 参阅 viii, 68。

② 弗朗西斯科·斯福尔扎（1401—1466 年），是第一位斯福尔扎家族的米兰公爵。

③ 切萨雷·博尔吉亚（1475—1507 年），是教皇亚历山大六世的私生子，凭借其父的权势当上了瓦伦蒂诺公爵，精通"政治权术"，有着统一意大利的野心，是马基雅维利在《君主论》中热情称颂的人物。

族的目标越来越无望、城邦间的敌对不断加剧的情况下，相应的道德信仰和宗教约束并没有出现。在第一次战争结束后，雅典人提出愿意依据《三十年和约》的规定，将伯罗奔尼撒人的抱怨提请法律仲裁，①但拉凯戴蒙人自己渴望荣誉而拒绝了雅典人的仲裁提议②，修昔底德对他们进行了嘲讽。值得注意的是，在伯里克利的国葬演说中，他虽然描述了同胞的美德，但对尼基亚斯所表现出的 146 那种传统美德却只字未提。他对雅典人的政治智慧、多才多艺、冒险事业以及与外邦人交往中的开明、自由等优秀品质进行了颂扬，但对雅典人的虔信神灵却不置一词，尽管他们肯定是虔诚的。他还告诉我们雅典人因为他们的才干和辛苦劳作而大有建树，把他们的事业发展到前所未有的高度。同样，他也没有提及上天对雅典的赐助或偏爱，甚至对此没有敷衍性的措辞。这篇精彩的演说从头至尾没有片语只言谈到传统意义上的宗教或道德。真正在墓地做演说的话，至少按照习俗伯里克利会不可避免地提到一些神祇；修昔底德对这一点的忽略可谓意味深远。

如果说上述评价对这位史家持赞扬态度，我希望你们不要将我归入修昔底德的崇拜者之列。那些崇拜者对修昔底德顶礼膜拜，看不到他们这位偶像的任何缺点。这种狂热的崇拜古今皆有。古时对修昔底德一味崇拜的那些人受到了哈利卡纳索斯人狄奥尼修斯（Dionysius of Halicarnassus）的有力抨击。我已经指出修昔底德的写作方法对内容过分删节和省略。他在一些人物处理上显露出他在重构历史方面思想上严重的局限性。修昔底德似乎没有完全 147 掌握在评价某位历史人物的活动时必须将其全部性格特征考虑在内的原则；即这个人在精神上是一个整体，不可能脱离某些特征。

---

① 参阅 i. 78. 4。
② 参阅 i. 86. 5。

如何对人物心理进行重建是史家遇到的最为重要和棘手的问题。可惜修昔底德没有认识到这些。他难以忍受介绍人物生平的烦琐，便走向另一个极端，完全将生平略去。比如说，他对伯里克利的品性就闭口不谈。而这位政治家却是促使战争爆发的重要人物之一。要想理解他的所作所为，我们需要对他的个性有更多了解。修昔底德只愿意记述他无与伦比的政治才干、对金钱的漠视以及对理想的追求。我们单就这些无法判断伯里克利是哪种人。不仅我们觉得他的很多方面还是未知的、不明了的，现代的批评也指出了这一点。

　　然而我们一定小心不要因为修昔底德著作的局限性而低估它；这部史著标志着一个单独的、个体的人朝着现代史学迈出了具有决定性的一大步。晨曦中，希罗多德仍在满怀疑惑地前行，而修昔底德已经走到明媚的阳光下，那里有确凿的事实，他不再感到疑惑而是试图去理解它们。古希腊人的史学研究还不具备科学的特征，这还要留待 19 世纪的史家去认知。然而，在其尝试完成的任务范围内，修昔底德已成为探究他那个时代历史事件的一代宗师。有人可能会怀疑，在该范围内，19 世纪的历史学家是否还会对修昔底德有所教益。如果他能让读者了解其写作方法上的秘密，或者更清楚地展示他使用的素材，告诉我们结论是如何得出的，或者他能进行辩论和讨论的话，其影响可能会更为深远，而不是仅限于对希腊后世作家写作方法的影响上。他的遗作虽并未完成，但一经发表便对政治史的确立产生了深远的影响；在下一讲中，我们会看到年轻一代史家是如何受到他的激励的。但是，尽管他作品的价值和伟大之处很快得到了认可，他也一直是那个时代无可争议的治史权威，但在这批追随者之后的几个世纪里，除了一些学者外，他的史作几乎无人问津。他获得了显赫的名声，却没有教师或者典范人物那样恒久的影响力。他的行文风格，带有"老派而造作的

148

美"[25]，使人反感，而与之截然相对的史学理念开始大行其道。直到公元前 1 世纪，随着对阿提卡模式的复归，人们又开始重新关注修昔底德的作品。从那时起，他对一些重要作家[26]的影响可以一直追寻至最后一批拜占庭史家中的克里托布洛斯（Critobulus）①。但这种影响只是表层的，只触及行文风格和措辞层面，而且总体上仅是对修昔底德的一种机械模仿[27]。而后世那些可能会受到修昔底德极大推崇的史家则并未受到他的影响。

1　vi. 18 οὐκ ἔστιν ἡμῖν ταμιεύεσθαι ἐς ὅσον βουλόμεθα ἄρχειν 和 στορέσωμεν τὸ φρόνημα，注释学家认为这是阿基比亚德斯的原话（κατ' Ἀλκιβιάδην）。

2　Mahaffy 已经正确地指出将修昔底德的晦涩归结为其思想的高度浓缩是一种误解。修昔底德的"高度浓缩是在表述上而不是在思想上"（*Greek literature*，ii. 1. 112）。

3　ii. 44.

4　我已经在附录中指出这是在战争结束后应该写的和思考的问题。

5　修昔底德笔下的伯里克利说的有关妇女美德的警句（ii. 45）可能是由高尔吉亚的一句名言联想到的。Wilamowitz-Möllendorff，*Hermes*，ii. p. 294.

6　狄奥尼修斯注意到了这一点。

7　iii. 38. 7.

8　在科林斯人的第二次演说和伯里克利的首次演说中。

9　Bruns（见参考书目）是首位系统研究古代历史学家刻画人物性格方式的学者。我的很多见解都得益于他那本名作。

10　v. 16. 1.

11　v. 16. 2（Jowett 译）。

12　νενομισμένη. F. Cauer 非常赞赏这一解释。

13　*Knight*，1304.

14　F. M 康福德（F. M. Cornford）在其著作《修昔底德：神话与历史之间》（*Thucydides Mythishoricus*）中提到这一点。我认为他是对的，对个人恩怨方面的推测是多余的。

15　vi. 15.

---

①　克里托布洛斯（约 1410—1470），希腊政治家、学者、历史学家。他的历史著作记述了奥斯曼土耳其人在穆罕默德二世率领下对拜占庭帝国的征服，是 1453 年拜占庭陷落的重要史料。

16 vi. 12；16.

17 奇怪的是，他的确提到战争期间日食发生频繁(i. 23.3)，仿佛对人类有什么特殊意义；我们可能会想知道阿那克萨戈拉斯对此会作何评论。

18 参阅冈佩尔茨，《希腊思想家》(Gomperz, *Griechische Denker*)，i. p. 61(关于赫拉克利特)。

19 德莫克利特(Democritus)，in Mullach，*Frag. Phil. 167*。修昔底德(*sub persona Hermocratis* vi. 62.4)认为战争中不可预料的因素也自有其用处，这些因素会使交战双方都慎重考虑，谨慎从事。

20 *Letter to Pompeius*，3.9.

21 他还指摘修昔底德(3.4.5)选取的写作主题。这场战争οὔτε καλὸς οὔτε εὐτιχής(既不光荣，也不幸运)，因此应该被后世忽略、遗忘。

22 ii. 37.

23 viii. 97. καὶ οὐχ ἥκιστα δὴ τὸν πρῶτον χρόνον ἐπί γ' ἐμοῦ ᾽Αθηναῖοι φαίνονται εὖ πολιτεύσαντες 史家保留ἐπί γ' ἐμοῦ(至少是我那个时代)抑或单纯出于审慎，抑或是暗示早期的πάτριος πολιτεία(先辈的政体)吗？

24 在写这段时，我看到默里(Murray)已经对ἀρετή 和 *virtù* 进行了比较(在其《希腊文学史》*History of Greek Literature* 中关于修昔底德的章节)。

25 ἀρχαϊκόν τε καὶ αὔθαδες κάλλος. Dionysius, περὶ συνθ. ον.(《论词语的工整对仗》)165。

26 譬如 Dexippus 和 Procopius。

27 卢奇安在πῶς δεῖ ἱστορίαν συγγράφειν;(《如何写历史》)中嘲讽了这种对修昔底德的一味模仿。

第五讲　修昔底德之后希腊史学的发展

第一节　修昔底德之后的一代史家

修昔底德为历史研究树立了新的标准并且提供了一种新的范式。他教希腊人撰写当代的政治史，这是其著作永恒的成果。然而他批判方法的秘诀可以说是已随斯人而逝了。现代的学生只能去欣赏他敏锐的判断力，揣测一下他在写作的过程中付出了多少辛苦和努力，这些辛劳像建筑的基石一样细密地隐藏其中。公元前四世纪，由于一些因素历史学没有按照修昔底德指明的方向发展，而走上了其他的道路。修氏作品谆谆教诲的要旨没有成为史学的规范，其治史方法未能得到后起之秀的认同。

修昔底德之后的时代大概并不称许政治史的写作。[1]那时人们热衷于政治科学，而以历史来资政明鉴的方法还没有出现。那些本来可以成为杰出史家的人士正致力于思索国家的性质。他们急切地想回答这样一个理论问题：什么是最好的政体？这一时期只出现了三位值得注意的历史学家，他们或多或少都受到修昔底德的影响，而此后相隔了很长时间才有人再受其影响。

三人之中为后人熟悉的只有色诺芬，而他或许是其中最不值得称道的一个。尽管他是少数几位有作品存世的希腊古典史家之一,却是盛名之下,其实难副。[2]他在历史学领域像在哲学领域一样,是一位浅薄的涉猎者。他远不能理解修昔底德的方法,就像他远不能理解苏格拉底的思想一样。幸而他有文学上的天赋,他的各种作品集合起来,使他成为希腊文学史上一个值得关注的人物。然而他的思想在本质上是平庸的,无法穿透事物的表层。他如果生活在现代,会是一名高级记者和政治宣传册的作者,他作为战地记者将财运亨通,还会为阿格西劳斯(Agesilaus)①这样平庸的人物著书立传。就历史学而言,他真正的使命是写回忆录。《远征记》(Anabasis)即是一篇回忆录,这是他最成功的作品。虽然它不乏回忆录通常所具有的缺点,可是也具备了作为个人记录的优点——清新、生动,以人为关注的对象。万人远征的经历在色诺芬的纸页之间永远是鲜活的。

在我们所知道的《希腊史》(Hellenica)这部著作里,色诺芬从修昔底德搁笔之处开始写起,从伯罗奔尼撒战争一直写到底比斯霸权的溃灭。②就这一作品,他的史学才能必须被加以评判。它的一些特点源于作者从政治史的创立者那里只学到了一鳞半爪。在此书的第一部分,[3]色诺芬严格地采用了修昔底德的编年体方案。他运用插入演说的方式和让人物用言行展现自己的客观方法,没有像《远征记》描绘居鲁士和将领们那样亲自描述人物的个性。可是他从来没有深入到事情的表层之下,从来没有分析过深层的动因,而且在写作时对自己的偏好几乎毫不掩饰。他不隐藏自己强

---

① 阿格西劳斯(Agesilaus,约公元前445—前360年)为古斯巴达的国王,公元前394年他取得科罗尼亚战争的胜利,公元前371年在琉克特拉战役中战败。色诺芬称赞他有很多美德,是"彻底的好人"。

② 这部著作写到底比斯霸权的溃灭,即公元前362年的曼提尼亚战役结束。底比斯与斯巴达和雅典的军队曾交战于伯罗奔尼撒的曼提尼亚,底比斯取得胜利但从此一蹶不振。

烈的亲拉科尼亚的倾向①或是对底比斯的憎恶,其史著神化了阿格
西劳斯,又显然忽视了埃帕米侬达。② 他对历史事件的看法是平庸
的、墨守成规的雅典人的看法。他把斯巴达霸权的覆灭归因于"天
谴"(divine nemesis),③斯巴达背信弃义占领了底比斯要塞从而受
到惩罚。他难以抵御陈腐的道德说教的吸引,还叙述其严谨的前
辈会鄙弃的逸闻趣事;④不过,他却从修昔底德身上学会了不偏离
主题。

　　色诺芬的其他作品比《希腊史》一书对后世的历史编纂有更大
的影响;或者更稳妥地说,这些作品反映了人们对一种题材的兴
趣,它不仅会在文学上源远流长,而且将在史学上独具特色。我所
谈论的是人物传记。智者的启蒙唤醒了人们对个体的兴趣,个体
人物得到有意且认真的关注;欧里庇德斯增进、加深了这一兴趣,
其作用可能不亚于任何人。文学的一个新的分支——传记产生了;
βίος(生命)这个词获得了一个新的含义,包括一个人所有的活动和
性格。传记的创立者是伊索克拉底和苏格拉底的弟子。我们所拥
有的最早的传记是伊索克拉底的《埃瓦戈拉斯》(Evagoras)⑤,由于
这一典范我们又有了第二部传记——色诺芬的《阿格西劳斯》。在伊
索克拉底其他的作品中也有传记的影子,或许《远征记》中的人物刻
画正是因为受到他的影响。4 我们还可以看到苏格拉底的独特个性亦
有助于这种文学样式的确立,这令他的弟子们印象深刻,而他们又多

153

154

———————

① 拉科尼亚(Laconia)为斯巴达所辖本土地区,位于伯罗奔尼撒半岛东南。
② 埃帕米侬达(Epanminondas,公元前420—前362年)为底比斯的政治家和将领。
　公元前371年他领导彼奥提亚联盟取得琉克特拉战役的胜利,底比斯霸权由此
　崛起。公元前362年他在曼提尼亚战役中阵亡。
③ 涅麦西斯(Nemesis)是希腊神话中人格化的报应女神,与之相关的报应及"天谴"
　观念在古希腊盛行,在若干文学作品中有所体现。
④ "严谨的前辈"与上文"政治史的创立者"均述及修昔底德。
⑤ 埃瓦戈拉斯(Evagoras,约公元前435—前373年)为萨拉米斯国王,萨拉米斯位于
　今塞浦路斯。

有著述。柏拉图偶有为之的人物描写和色诺芬的《回忆录》（Memoirs）（这并非一本传记）对传记的兴起都具有重要意义。我无须进一步追溯传记的发展或说明它如何受到逍遥学派①的促进。[5] 作为一门文学艺术，古代的人物传记在普鲁塔克的名人传记中臻于完美。这一系列传记对我们的价值无可估量，因为作者参阅了许多现在已经失传的作品。可是普鲁塔克不是历史学家，他关注的是道德训诫。我们在这里想指出的是，在色诺芬和伊索克拉底之后，历史学家通常会把勾勒人物的性格和生平作为他们的分内之事。这一点极易被滥用，经常引发和主题不相关的内容，这会令修昔底德愤懑不已。然而，尽管古代的人物刻画在实践上趋于墨守成规并且无甚裨益，可是从理论上来说，意识到对人物及其个性的分析具有历史学价值是一个重要的进步，不应受到修昔底德观念的局限。

续写修昔底德的另一位作者似乎比色诺芬更有使命感去履行历史学家的职责。克拉提波斯（Cratippus）是文献中最含混晦涩的人物之一，直到几个月前我们甚至还没有能彰显其作品特征的只言片语。然而普鲁塔克的一段文字或许暗示了其作品具有非同寻常的价值。他评论道："如果没有政治家、军事家，就没有历史学家。没有伯里克利、弗尔米欧（Phormio）②、尼基亚斯（Nicias）③等

---

① 公元前335年亚里士多德在雅典建立吕刻昂学园，他常常带领弟子在学园林荫中一边散步一边授课，有"逍遥学派"之称。这一学派的代表人物有泰奥弗拉斯托斯、斯特拉托和阿里斯托等。

② 弗尔米欧（Phormio），公元前5世纪雅典的将领，公元前429—前428年取得数次对伯罗奔尼撒人海战的胜利。

③ 尼基亚斯（Nicias，约公元前470—前413年），雅典政治家和将领，伯罗奔尼撒战争中与斯巴达签订"尼基亚斯和约"。公元前415年开始参与西西里远征，却以失败告终。

人，就没有修昔底德。没有阿基比亚德斯（Alcibiades）①、特拉叙布洛斯（Thrasybulus）②和科侬（Conon）③，就没有克拉提波斯。"⁶克拉提波斯在这里被列为修昔底德之后雅典最重要的历史学家，如果没有他，历史文献就会因之匮乏。这段话还让我们推断克拉提波斯一直续写到公元前394年克尼多斯海战④的胜利，它使雅典在希腊世界恢复了独立且显赫的地位。由于牛津杰出的学者格伦费尔（Grenfell）和亨特（Hunt）不懈地考古发掘，埃及为我们提供了众多珍贵的古典文献，⑤其中有一篇最近发现的宝贵文献⑥，我断定它出自克拉提波斯的作品。这个重要的残篇包含公元前396年的一部分和公元前395年的大部分事件，因此能反映全书超过1/20的情况。有些著名的学者宣称它出自泰奥庞波斯（Theopompus）之手，可是在我看来，大部分例证都不支持这种看法；而如果把它看成是克拉提波斯的作品（此外唯一可以考虑的对象⁷）就没有什么抵牾之处，这正是布拉斯（Blass）的主张。因为克拉提波斯的作品没有流传下来，我们没有直接有力的证据用以鉴别。论证要基于：（1）

156

---

① 阿基比亚德斯（Alcibiades，约公元前450—前404年），雅典政治家和军事将领。公元前415年他在远征叙拉古途中被指控有罪，为逃避控诉先后前往斯巴达和波斯。公元前408年一度重返雅典，后来客死于小亚细亚的弗里吉亚。

② 特拉叙布洛斯（Thrasybulus，约公元前440—前388年），雅典民主派领袖，担任过将军，曾协助阿基比亚德斯取得黑海海战的胜利。

③ 科侬（Conon，约公元前444—前392年），雅典政治家，曾任职将军。公元前405年的羊河战役中雅典海军全军覆没，科侬得以幸免。他帮助波斯兴建海军，后来取得克尼多斯海战的胜利。

④ 克尼多斯位于小亚细亚，今土耳其的达特恰。公元前394年，雅典人科侬带领波斯舰队在此打败了斯巴达海军。

⑤ 格伦费尔和亨特于1897年到1906年间在埃及的奥克叙伦科斯主持发掘了大量珍贵的纸草，为纸草学和历史学研究做出了重要的贡献。

⑥ 1906年在埃及奥克叙伦科斯出土了关于公元前4世纪希腊史的纸草残篇，被称为"奥克叙伦科斯希腊史"（*Hellenica Oxyrhynchia*）。作者依据亲自调查的史料，行文客观朴素，与色诺芬迥然不同。对其出自哪位史家之手的猜测一度众说纷纭，争论大致集中在泰奥庞波斯、安德罗申和克拉提波斯等史学家上。

用排除法证明,即说明被指任的其他作者与残篇的风格不符;(2)我们对克拉提波斯仅有的了解与这一新发现的文本的特征相符。文本从叙述上来看应是由一个同时代的人创作的(和修昔底德一样,甚至比色诺芬的《希腊史》更具有这样的特征),而非由编纂而来。我们能看出作者对色诺芬的作品毫不知情,其写作时间不会晚于公元前 350 年。[8] 我们要知道,克拉提波斯是比修昔底德稍晚一些的同时代人,[9] 他续写了修昔底德的著作,其创作肯定在修昔底德去世之后(公元前 396 年前后),所以把他视为作者于时间和主题上都是符合的。在新发现的文本中没有演说;而就我们所知,克拉提波斯并不赞同修昔底德书中的演说,还把修氏最后一卷中演说的缺失看成他已经摒弃了演说的例证。[10] 其叙述简单明了,既没有华丽的词藻,也没有陈腐的说教。尽管它十分枯燥,可是如果仅从这一个别段落就断定全书难以获得普鲁塔克那样的赞誉是说不过去的。如果修昔底德留给我们的只有第三卷最后三十章,其中对德摩斯梯尼阿卡尔那尼亚行动的叙述冗长而又乏味,我们会把他当成是一个多么沉闷的作家啊。我们可以看出作者不喜欢对人物品头论足,对任何人都不说尖酸刻薄的话语,还对科侬的一次行动①略有赞扬;有一个残缺不全的段落明显表现出一位政治家的特质,可是其身份难以确认。[11] 就这一文本,我们无法断定克拉提波斯在处理历史人物时是否采用了修昔底德那样客观的方法。但是读者至少能从其他的方面有所收获。他阐释了政治派别之间的关系及举动,追溯了希腊与斯巴达敌对情绪的增长。他还描述了彼奥提亚的政体,犹如手册一般明晰,使我们发现自己并不了解它的实质。我对这一残篇总体的印象是:尽管作者没有色诺芬关于战争技术的知识,但是如果这部作品保存下来的话,会比色诺芬的

---

① 这里说的是科侬领导的对斯巴达的海战。

《希腊史》出色许多。

格伦费尔和亨特的发现增进了我们对事实的了解，而就我们当前的目的来说，其重要性在于使我们知道如果修昔底德所创立的当代史写作没有受到其他因素影响的话，将会沿怎样的方向发展。接过修昔底德旗帜的人没有他的智能和创造性，但却勤勉而堪当其任。至于改变修昔底德路径的力量，我不久后就会提到。　　159

修昔底德的影响可能在当时另外一位历史学家身上表现得更加明显，他身处世界的另一个角落，拥有不同的视野，这就是叙拉古人斐利斯托斯（Philistus of Syracuse）。斐利斯托斯和修昔底德一样担任过公职，经受过放逐，有生之年又被召回。他不像修昔底德那样拘泥于当代史，对西西里的历史他从开端一直叙述到自己青年时期——他亲眼见证了雅典的远征。然而他更重要的作品是僭主狄奥尼修斯（Dionysius）父子的历史，①作为政治家和军事指挥官，他参与了自己所记载的很多事件。他在身后享有殊荣，是唯一一个作品与伟大的诗人一起随亚历山大到达亚洲腹地的历史学家。正如弗里曼（Freeman）所说："这一选择的原因显而易见，亚历山大再也找不到比狄奥尼修斯的历史更合自己口味的读物了。狄奥尼修斯是第一个大规模征战、与他自己还算比较接近的人。"[12]斐利斯托斯视修昔底德为自己的榜样，[13]并不一味模仿他的风格，而是模仿他的气质和方法，我们可以揣测，在希腊所有的历史学家中，他是与修昔底德最为相似的。他因此受到西塞罗的称赞。虽　　160然西塞罗所在的时代流行其他类型的史学，但是他拥有敏锐的文学鉴赏力。"斐利斯托斯，"他在致忙于阅读这位西西里作家的弟弟昆图斯（Quintus）的信中写道，是"一流的作家，简明扼要，睿智练

①　指叙拉古僭主狄奥尼修斯一世和狄奥尼修斯二世。狄奥尼修斯一世（Dionysius I，约公元前432—367年）在意大利南部多地征战，使叙拉古成为古希腊世界重要的城邦之一。

达,俨然是修昔底德的缩影。"[14] 西塞罗的描述暗示斐利斯托斯展现了修昔底德的特点,并不限于简洁和严格切题的能力,其他的证据也可以印证这一点。"老狐狸"(veterator)老狄奥尼修斯的宫廷是一所学习经邦治国和政治诡辩技巧的学校,斐利斯托斯在失势前是狄奥尼修斯的密友,这位修昔底德的仿效者可以在宫中很好地效法前辈,以非伦理的态度研究政治现象。可是斐利斯托斯对西西里早期的历史写得非常详细,仅这一事实足以令人推断他没有雅典人那样有怀疑的态度[①]。事实上,他对记载奇迹和征兆并非不屑一顾,譬如他说有一群蜜蜂落在马鬃上,这预示了狄奥尼修斯的统治。[15]

第二节　修辞学的影响

在斐利斯托斯、克拉提波斯和色诺芬这三位历史学家写作的时代,希腊的知识界盛行着两股潮流,它们与修昔底德分道扬镳,并无关联。我指的是修辞学和哲学。伊索克拉底[②]对文学和教育所产生的巨大影响你们都很熟悉了。他并非天赋异禀,但是或许在任何时代,我们都找不出在这一领域有如此权威地位的人物了。世界各地的希腊人蜂拥前往他在雅典的学校,他的文体规范受到普遍的认可。对此我无须多费口舌,下面我将说明他如何影响了历史学的发展,尤其是如何通过两名杰出的追随者——埃弗罗斯(Ephorus)和泰奥庞波斯做到这一点。

161

---

① 意指在这方面不能与修昔底德相提并论。

② 伊索克拉底(Isocrates,公元前436—前338年)为古希腊著名的演说家、修辞学家和教师。他发表过许多关于时政的演说,希望希腊城邦通过马其顿的领导联合起来对抗波斯,而公元前338年的喀罗尼亚战役终结了这一幻想。伊索克拉底在文学史上有较为重要的地位,其弟子中有提莫修斯和泰奥庞波斯等。

首先我要指出伊索克拉底所持的政治观点如何影响了历史学，他是这一政见最典型的代表。公元前 4 世纪中叶马其顿的崛起及在马其顿领导下统一希腊愿望的逐步实现，使事实上一种全新的希腊史观变得引人注目起来。当时，历史要么是区域史，即特定国家或族群的历史，要么围绕着特定的事件，譬如希腊城邦齐心协力抵御波斯的战争或希腊内部的战争。然而伊索克拉底所鼓吹的以马其顿为领导抵抗波斯、统一希腊的观念对历史学产生了影响，其结果是在腓力和亚历山大时代至少产生了三部著作。其中的两部已经失传了，我们除了知道它们存在过之外对其一无所知。其中一位作者是佐伊洛斯（Zoilus），他令人印象更深刻是因为他曾吹毛求疵地批评荷马从而得到"荷马之鞭"（Homero-mastix）的称号。[16]另一位作者是佐伊洛斯的学生阿那克西曼尼斯（Anaximenes）①，他是亚历山大的老师之一。这两位历史学家都因为第三位作家库麦人埃弗罗斯（Ephorus of Cyme）的成就而湮没无闻。据说埃弗罗斯是伊索克拉底的学生，而我认为这还不能确定。[17]他的作品倾注了其毕生的精力，从神话中希腊的起源开始，涵盖了希腊人所接触到的蛮族。这部书很可能原本打算写到公元前 334 年亚历山大进入亚洲时为止，却因为作者离世只写到公元前 356 年。它成为并且一直是古代权威的著作之一，被认定为"希腊史的标准文本"恰如其分。虽然它没有保存下来，但是残存于后来权威的著述中，所以我们间接地了解很多相关的情况。它是第一部普世史，因而波利比奥斯记载过此书。可是辨识我们能在何种意义上接受这一说法很重要。我们必须时刻记得希腊人从来没有形成一个国家，他们即使在一个全面的联盟之下也从来没有实现统一，他们没有确切

162

163

---

① 阿那克西曼尼斯（Anaximenes，约公元前 380—前 320 年）是兰普萨科斯的历史学家和修辞学家。另有同名哲学家阿那克西曼尼斯，为公元前 6 世纪的米利都人。

意义上的民族国家史。维系他们的纽带是其文明总体上的同质性或一致性。埃弗罗斯意识到这种文化上的统一性,它有可能促成一个真正的希腊民族的产生。他把所有讲希腊语族群各自的历史汇集在一起,创立了所谓的"准民族国家史",其作品的创新之处即在于此。然而这显然是一部希腊史(Hellenica)而非世界史,非希腊的民族只有与希腊历史发生联系时才会被提及。作者不像希罗多德那样含有专门记述非希腊民族历史的篇章,所以"普世"这个说法只有被狭义地理解为"包含所有的希腊人"时才能成立。在某种程度上赫拉尼科斯的编年史是埃弗罗斯及其同时代人持有这一观念的先导。

在这一时期把大部头的著作划分为多卷本是很流行的做法。埃弗罗斯的著作包括 29 卷,其中每一卷都自成一体,有自己的序言。[18] 所以它不是依据编年史的方法创作的。作者似乎对全部的历史和地理文献有广泛的了解,又没有不加批判地照抄照搬。他充分意识到一手信息的价值,我们能看出他有敏锐的观察力,但不知道他在多大程度上运用了这一观察力。对现代史来说,叙述得最为详尽的是最值得相信的;而对古代史来说,声称知道细节最多的却是最不可信的。埃弗罗斯的批判原则使他在形式上抛弃了完全是神话的时代,从赫拉克勒斯的子孙返回伯罗奔尼撒写起。可是他没有始终如一地贯彻这一明智的见解。他在行文当中采用了神话,而且沉溺于伊奥尼亚人开创的粗糙的合理化方法。

我无法详细讨论埃弗罗斯的作品,只能满足于提及他受伊索克拉底影响所具有的一些特点。其中你们会注意到其行文中穿插的道德说教、精心拟制的伊索克拉底风格的演说(即使在军队大敌当前之时)和对于颂词的爱好。这些特点及其墨守成规、如出一辙的战争场面同样显露了他更为注重文辞效果而非真实性的倾向。历史变得和演说、诗歌一样富于词藻,着意于卖弄技巧。这就是我们所说的历史学受到修辞学毒害的含义。它不是说在修辞学的影响下,历史写作形成了清晰、宜人而富有节律的文风,而是指由于修辞学的影响,历史学把追求所谓的修辞效果作为首要目标并且几乎不惜一切代价的趋势。

伊索克拉底学派另外一位著名的史家是泰奥庞波斯,他续写修昔底德的著作创作了《希腊史》,所涉及的时代与克拉提波斯相同。其素材应主要来自于先前的作家,如克拉提波斯本人和色诺芬。泰奥庞波斯更为重要的成果是《腓力时代》(*Philippica*),这是一部腓力时期的希腊史。他在这里完全是一位原创的当代史作家。[19] 泰奥庞波斯也受到伊索克拉底民族国家观念的影响,从马其顿政权看到统一的法则,并把它作为其当代史的要核。但是值得注意的是他把这部史著称为"腓力时代",而不是"马其顿史"(Macedonica)。把一个时期当作"腓力的时代"可是一件新鲜的事情。

泰奥庞波斯可能是公元前 4 世纪最有意思的历史学家。一些人宣称他非常伟大,几乎可以和修昔底德相媲美。我们有充足的证据可以反驳这一论断,[20] 其中有决定影响的是他和埃弗罗斯同样都具有伊索克拉底派的特点。他更为关注政治家的个人品德,而非其政治或军事才能;他讲述奇闻逸事,描绘了自己所构想的麦罗坡(Merope)的海角仙境,那里仍然处于黄金时代。[21] 如果注意到这些,我们就知道他是无法与修昔底德相提并论的。他似乎是一个虚荣心躁动之人,拥有我们可以称为故意炫耀辞藻的秉性。当埃弗罗斯毫无个人企图全心致力于研究时,泰奥庞波斯却急于在世界上崭露头角而到处奔走,就像高尔吉亚和其他早期的智者们一样。他有一种"气质",体现在他的作品中,为其增加了一层风味,这是埃弗罗斯和克拉提波斯平白寡淡的作品中所缺乏的。他是位心理分析学家,更倾向于挑人毛病而不是说人好话。评论家狄奥尼修斯说他的宏图大志是潜入到人类灵魂深处,揭示总是潜

166

藏在美德外表之下、难以觉察的邪恶。[22]

　　历史学在伊索克拉底的影响下呈现出一些新的趋势。在评论这些趋势时，我们必须记得它们是对公众趣味的反映，伊索克拉底在造就这样的趣味上发挥了很大的作用。荷马和史诗诗人昔日满足了许多公众的需要。希罗多德同样受到公众喜好和趣味的影响。修昔底德则另有诉求。他有意放弃了使著作获得大众欢迎的想法，树立了历史真实性的标准。我们可以推测其后继者克拉提波斯和斐利斯托斯作品的读者范围很小，局限于特定的圈子，这是极有可能的。埃弗罗斯和泰奥庞波斯决意要赢得大众的喜爱。他们不单写作，还希望著作为世人传诵。从这一角度来看，他们又退回到修昔底德之前的时代。不过他们所要讨好的受众与希罗多德的听众不同，他们因为使历史学迎合公众喜爱的修辞效果而赢得了支持。这是一种天然的自我保护的本能。不管怎样，对赢得大众欢迎的渴求从此主导了历史学，例外者为数极少。

　　在伊索克拉底的影响下，雅典成为希腊文学和教育的中心。亚历山大的征服扩大了希腊的版图，雅典却失去了在其中的翘楚地位，再也不能引领风尚或执思想潮流之牛耳。在历史学领域，我们可以从陶罗曼尼昂人提迈奥斯（Timaeus of Tauromenium）身上看到阿提卡文献到希腊化文献的转变。提迈奥斯一生经历过许多政治变动。他生于喀罗尼亚战役[①]前两年，卒于第一次布匿战争[②]爆发之后。年轻时由于政治原因，他被阿伽托克勒斯（Agathocles）[③]驱

---

① 喀罗尼亚（Chaeronea）位于彼奥提亚，公元前338年马其顿国王腓力二世与雅典和底比斯为首的城邦联军在此进行决定性战役，马其顿的胜利拉开了其在希腊霸权的序幕。
② 第一次布匿战争从公元前264年开始，到公元前241年结束，是罗马和迦太基为争夺西西里岛引发的战争。
③ 阿伽托克勒斯（Agathocles，公元前361—前289年）自公元前317年为西西里岛叙拉古的僭主，公元前304年后自立为国王。

逐出西西里，在雅典建立了新的居所，把漫长人生[23]所剩的时光都用于西西里和意大利史的写作。他不仅到处网罗文献，而且为撰写他的著作长途旅行，不遗余力地倾注时间和财帛收集未知的西部民族——伊比里亚人（Iberians）、凯尔特人和利古里亚人（Ligurians）的确切信息。他对年代学做过专门的研究，是在希腊史学中使用笨拙不便的奥林匹亚纪年①的始作俑者。他这部著作（共33卷）写到公元前320年，不过他又继续写了一部阿伽托克勒斯史和另外一本书，后者记载的事情一直到公元前264年，包括皮洛士的战争。提迈奥斯的著作不仅为后来的历史学家（尤其是狄奥多罗斯）广为引用，还被公认为亚历山大里亚学者和诗人权威的资料库。这些学者和诗人有阿波洛尼奥斯（Apollonius）②、吕科弗戎（Lycophron）③、卡利玛科斯（Callimachus）④和埃拉托斯泰尼斯（Eratosthenes）⑤等。格夫肯（Geffcken）通过现存的资料得以再现提迈奥斯主要著作前两卷的总体结构，这两卷记载的是西西里和意大利传说中的历史和地理。对我们来说提迈奥斯的功劳在于他辛勤地搜集了民族志方面的资料以及地方传说，这些材料仍然很有价值。可是如果他的史著没有其他的特点，这一价值还不足以使其成为经典流芳百世，这些特点其实是他的缺点。他到达雅典之后师从伊索克拉底的一位弟子学习过修辞学，其作品有伊索克

169

① 奥林匹亚纪年以两次奥林匹克赛会间隔的时间（即每4年）为一个纪年单位。从公元前776年开始计算，到公元4世纪末奥林匹克赛会被取消时停止使用。

② 阿波洛尼奥斯（Apollonius of Rhodes），公元前3世纪希腊诗人，著有史诗《阿尔戈英雄记》，叙述阿尔戈英雄航海的故事，曾担任亚历山大图书馆的馆长。

③ 吕科弗戎（Lycophron），公元前3世纪末的希腊诗人和学者。他曾任职亚历山大图书馆，写作有关悲剧和喜剧的文章。

④ 卡利玛科斯（Callimachus，公元前310—前240年），亚历山大里亚的诗人、文法家，曾任亚历山大图书馆的馆长。他编纂了许多书目提要，著述丰富。

⑤ 埃拉托斯泰尼斯（Eratosthenes，约公元前276—前195年），亚历山大里亚著名的数学家、天文学家、地理学家和诗人，作品题材广泛。

拉底派通常具有的特点,比如充满了陈词滥调的演说和墨守成规的褒贬品评。他还有纯属个人的缺点。他全然是个书呆子,没有分寸感或者说区分轻重主次的能力。他拘泥于细枝末节,喜好神话传说和奇闻逸事。他还有些神秘主义的色彩。譬如,他试图表明恶人自有恶报,日期的巧合具有超然的意义,也经常关注历史事件中神秘或魔幻力量的作用。而且,他写的当代史远远称不上是不偏不倚。他对提莫莱昂(Timoleon)①过于赞美,对阿伽托克勒斯却只看到了他身上最坏的品质——他因为受到阿伽托克勒斯的流放而一直耿耿于怀。

提迈奥斯生活在阿提卡文风盛行的时代而且受过伊索克拉底修辞学的训练,我们原本以为他会遵从阿提卡文体的准则。可是他似乎采用了一种有别于阿提卡传统的新的写作风格。我们难以确定他是自己萌生了这一想法,还是受玛格奈西亚人赫格西亚斯(Hegesias of Magnesia)的影响,赫格西亚斯通常被认为是著名的亚细亚文体流派②的创立者。我们不知道赫格西亚斯在世的确切时间,无法确定他和提迈奥斯是否存在着关联。我们可以在老一辈智者如高尔吉亚和阿基达玛斯(Alcidamas)的散文里找到这一新风格的渊源,不过高尔吉亚即便在最拘于形式的时候想做的任何尝试都无法与之比拟。亚细亚风格就好比一场韵律和文辞效果的盛宴。这场亚细亚文体运动取得了胜利,公众不再欣赏阿提卡文风的韵律和稳健,这一新的风格主导了两百年。即使在阿提卡样式再度盛行的时候,它也没有消失。相反,正如诺登(Norden)所指出

---

① 提莫莱昂(Timoleon,约公元前 411—前 337 年),科林斯政治家和将领。公元前 344 年西西里的叙拉古人请求科林斯帮助他们推翻僭主的统治,提莫莱昂带领军队前往取得胜利。

② 亚细亚文体产生于希腊化时代,以运用夸张和双关的修辞手法、感情充沛和注重韵律等为特点。

的，这两种风格，一个古朴，一个现代，在整个罗马帝国时代都竞相流行。例如，公元 4 世纪一位伟大的古风派修辞学家利班尼奥斯（Libanius）①在安条克凭借雄辩名倾一时；与此同时，另一位伟大的现代派智者希麦里奥斯（Himerius）②正在雅典教授文体的艺术。

我们所拥有的这一现代风格早期（或称亚细亚时期）的样本屈指可数，不过我们知道它有两种不同的类型：优美派和夸张派。夸张风格迎合了宏大浮夸的希腊化君主们的口味，我们恰好有一个相 当 重 要 的 例 子 是 科 玛 格 奈 人 安 提 奥 科 斯（Antiochus of Commagene）的一段长篇铭文（1890 年发现），国王在其中叙述了自己的丰功伟绩。正如诺登所说，这是一篇激情洋溢的颂歌。但是另外一种风格——优美派却更为重要并且更加流行，提迈奥斯曾经尝试、赫格西亚斯所正式创立的就是这种风格。用一种现代的语言再现这种风格的效果着实不易，因为它十分倚重韵律，但是为了向你们展示公元前 3 世纪和公元前 2 世纪最为流行却已散佚的作品的精髓，我将引用赫格西亚斯的一段文字。赫格西亚斯写过一部亚历山大大帝的历史，他对这位帝王毁灭底比斯③做出以下评论，大概可以被叫作哀歌④吧——

171

> 把底比斯夷为平地，噢，亚历山大啊
> 你做了怎样的一件事——
> 正如宙斯

---

① 利班尼奥斯（Libanius，公元 314—393 年），希腊修辞学家。他的演说和信件对了解 4 世纪的罗马帝国东部很有价值。
② 希麦里奥斯（Himerius，约公元 310—390 年），希腊修辞学家。希麦里奥斯致力于修辞术的研究，对政治不像利班尼奥斯那样感兴趣。
③ 公元前 336 年马其顿国王腓力遇刺以后，底比斯等城邦举起了起义的旗帜。亚历山大平定各地的叛乱后对底比斯严加惩罚，将城市夷为平地。
④ 原文是“应称其为？或者哀歌”，仿佛有文字缺失。

从天的那一边

把月亮完全掷弃了一般；

因为我一贯把雅典视为太阳。

这两个城市仿佛希腊的双眸，

而我现在正为其中的一个而痛心。

失去了底比斯，

希腊就失去了一半视力，

一只眼睛。[24]

　　用浅显的语言说就是：雅典和底比斯在希腊好比天上的日月，或者说是希腊的两只眼睛。亚历山大摧毁了底比斯，希腊就失去了一只眼睛。虽然用另一种语言的确无法达到同样的效果，甚至用希腊语去鉴赏都不太可能，但是我已尽力尝试仿效其韵律。这个例子能表明亚细亚风格具有的诗性特征。这段话难道不像人们常在一出三流历史悲剧的合唱中听到的内容么？

　　提迈奥斯在数百年中享有盛誉，反映出公众的趣味。如果他遵循阿提卡文风的尺规，将诗歌和散文作以明确的区分，就不会如此广受欢迎了。然而，在提迈奥斯的时代还有另一个史学流派赢得了公众的喜爱。这一流派始自泰奥弗拉斯托斯（Theophrastus）①的学生——萨摩斯人杜里斯（Duris of Samos）。杜里斯恰逢时运成为萨摩斯的僭主，他写过一部公元前 370 年到公元前 281 年的希腊史、一本阿伽托克勒斯的传记和一部其本土城邦的编年史。他对我所谓的埃弗罗斯和泰奥庞波斯传统学派发起了挑战，声称这些作家未能激发欢愉，而这是史学作品原本可以做到的。他说他们

---

① 泰奥弗拉斯托斯（Theophrastus，公元前 371—前 287 年），古希腊历史学家和植物学家，亚里士多德的弟子，逍遥学派的成员。著有《植物研究》等科学论文。

缺少"模仿"（mimêsis）。"模仿"是与"写实主义"最为相近的希腊词语。如果我们说杜里斯所要求的是逼真的表现，他的学派可以被称为"写实主义学派"，这不会太过偏颇。杜里斯对戏剧非常感兴趣，写过有关悲剧和艺术史的书籍，并由此受到启发，认为历史学家也应力求创造出剧作家那样的效果。譬如，他要求史学家笔下的人物都应该穿着与时间和场合相称的服装。然而他最主要的观点是作者应该发挥想象力精心塑造悲惨的场景，以引发读者的悲悯和感动；同时，还应该提供逸闻趣事、流言蜚语和情爱故事使读者娱以耳目。他成功地赢得大众的追捧，自然也为其他人所效仿。例如，斐拉尔科斯（Phylarchus）①曾写过一部从公元前272年到公元前220年的重要史著，他在其中试图博得读者的眼泪而被波利比奥斯谴责为"女人气的"，[25] 这正是受到了杜里斯的影响。

我们对杜里斯本能地背离传统主义可以进行很多讨论。能把过去的场景再现得栩栩如生是一位历史作家非常了不起的才干，前提是他要有构建真实场景所必需的材料。可是如果作者首先考 虑的是效果而非真实性的话，他肯定会忽视这个附带的条件。杜里斯正是如此。他的学派和传统主义者一样，在修昔底德看来都是让历史的真实性屈从于文学技巧。传统主义者诉求的是品味，写实主义者还要求情感。前者启迪教化，后者激动人心。可是对二者来说，历史学同样只是修辞学的一个分支。

我们或许会为我们所说的"历史学的沦落"而遗憾。可是更为必要的是理解希腊人的观念。我们很难意识到修辞艺术对于希腊人的重要性——它提供审美上的欢愉。希腊的修辞史或许和雕塑史一样，的确有力地证实了审美趣味在希腊人生活中所起的重要

---

① 斐拉尔科斯（Phylarchus），公元前3世纪希腊历史学家。他的《历史》从皮洛士之死写到斯巴达国王克莱奥曼尼斯去世。

作用。正如荷马史诗对希腊人遥远的先祖具有审美价值一样,后来的希腊人聚精会神地聆听修辞学家的演说,从中获得强烈的审美感受和体验。他们去听一场演说就像我们去欣赏交响乐一般,而我们对前者却未免不感到乏味。这一兴趣一直延续到希腊罗马时代的末期。希腊散文就像它的母体诗歌一样,是一门完全意义上的艺术,有其原理和规则,任何现代的语言,甚至是法语都不能比拟,需要长期的钻研和练习。修辞对于希腊的听众起到史诗曾经发挥过的作用。正如荷马时代的历史学家(应该说是神话家)是史诗诗人,后来的历史学家是修辞学家。如果历史学家没有在修辞学家的学校里受过训练的话,他很难有什么读者。

175

此外,历史和地理是为受过教育的公众提供休闲阅读的重要领域。史诗诗人的故事或者公元前 6 世纪和前 5 世纪的历史轶事满足了人们消遣的需要,后来的历史学家同样满足了这一需要。那时候还没有传奇和小说这样专门的文学样式,我们现代小说家的功用在很大程度上是由历史学家来实现的。历史写作必须回应当今小说所应对的诉求,那么倘若它具有一些小说的性质也就不足为奇了。

亚历山大东征增进了希腊人对未知地域的了解,这激发他们探知人类的功业并且提供了丰富的素材。现在有真实的场景和真正的历险,不需要像泰奥庞波斯那样虚构出一个麦罗坡了。历史可以无端地以传奇的形式出现,传奇也可以扮作历史。审慎而且真实的对亚历山大功绩的记载——阿里斯托布洛斯(Aristobulus)[①]的政治回忆录和托勒密的军事回忆录都销声匿迹了。四百年后,卓越的阿里安才依据它们及其他可信的材料[26] 创作了第一部马其顿英雄征

---

① 阿里斯托布洛斯(Aristobulus)是亚历山大手下的一名军官,斯特拉波和阿里安参考过他的著作。

战的历史。他严格地拒绝为人群和剧场（πρòς ὄχλον καὶ θέατρον）写作的文学，它们恐怕不只为我们说的"平民大众"而且为了剧场而创作。一位科洛丰的修辞学家克利塔尔科斯（Cleitarchus）[27] 在公众中广受欢迎，获得巨大的成功，他的大多数主题都是荒诞离奇地描写东方的华丽，而以此吸引了大众。这部准历史作品成为这一主题上的典范著作，对传统的亚历山大史似乎产生了深远的影响。

然而，虽然这样的传奇俘获了公众，但是托勒密、阿里斯托布洛斯和奈阿尔科斯（Nearchus）① 质朴准确的报告在历史学的发展中占有举足轻重的地位。他们创立了历史文献的一个新的分支，[28]这一分支在后来的几代人中以皮洛士和阿拉托斯② 的自传为代表，在罗马时代又有尤利乌斯·凯撒的战记、科尔布洛（Corbulo）的回忆录和图拉真的达奇亚战争史相继。③ 凯撒的战记的确巧妙地起到了政治宣传的作用，但是它简朴利落、条理清晰和不事雕琢的风格，与亚历山大将领的回忆录一脉相承。如果说这些回忆录作为示范或者灵感促成了这一时期的一部杰作，我认为，这不无道理。这部著作像它展现的那样，达到了修昔底德对历史学的要求。卡尔狄亚人希耶罗努莫斯（Hieronymus of Cardia）是一位军人兼政治家，曾经在尤曼尼斯（Eumenes）④ 和安提贡诺斯·贡那塔斯（Antigonus Gonatas）⑤ 的手下效力。他写了一部从亚历山大去世到

---

① 奈阿尔科斯（Nearchus），公元前 4 世纪亚历山大麾下马其顿的将军。亚历山大撤军时，他奉命从印度西部的河流航行，经波斯湾和印度洋返回波斯。他对这一经历的记载已经散佚，阿里安的《印度记》中有部分摘录。

② 阿拉托斯（Aratus of Sicyon，公元前 271—前 213 年），希腊化时代的政治家，阿凯亚联盟的领袖，著有个人回忆录，现已失传。

③ 达奇亚位于多瑙河下游。公元前 2 世纪初，图拉真对达奇亚人发动了战争，其征服活动被描绘在图拉真柱上。

④ 尤曼尼斯（Eumenes of Cardia，约公元前 362—前 316 年），腓力二世和亚历山大的秘书，亚历山大去世以后担任卡帕多奇亚的总督。

⑤ 安提贡诺斯·贡那塔斯（Antigonus Gonatas，约公元前 319—前 239 年）即安提贡二世，公元前 276 年成为马其顿国王，对马其顿在希腊霸主地位的确立有重要的作用。

公元前 266 年左右狄亚多柯（Diadochi）①和埃庇贡尼（Epigoni）②的
历史。他唯一关心的似乎是准确地记载事实。他使用官方的文
书，通常只叙述自己亲历的或是来源可靠的事情。但是他鄙视修
辞，在文风上漫不经心。希腊人不会阅读不能满足其美感的东西。
正如托勒密的回忆录无法与克利塔尔科斯词藻华丽、哗众取宠的
故事相比一样，希耶罗努莫斯的作品也无法与杜里斯的著作相抗
衡。就我们目前对这部已失传的著作的了解，可以推测如果它保
存下来的话，希耶罗努莫斯应该被视为与修昔底德和波利比奥斯
并称的希腊史家三巨头之一。

我们在第一讲中了解到波斯征服小亚细亚和入侵希腊如何对
历史学的兴起起了决定性作用。同样，希腊对波斯帝国的征服对
历史学的发展也具有决定性的影响。这一第二次与东方相关的事
件如何发挥其作用，我已进行了一些说明。正如米利都陷落和希
波战争之后，希腊智识的首席地位从伊奥尼亚转移到雅典一样，亚
历山大领导的希腊扩张也使雅典把这一地位传递给亚历山大里亚
和其他地方。我们可以说，又传回到东方。这对历史学以及其他
文学分支产生了影响。此外，对遥远的亚洲国家的认知激发并助
推了满足大众对奇闻趣事需求的传奇史的兴起。在另一方面，亚
历山大将领的报告和"蓝皮书"创立了一种回避修辞学、不以吸引
大众为目的而簇拥者极少的新史学。亚历山大征战的另一结果是
"世界"（oecumene）观念，即人类世界必须作为整体来考虑的意识
的崛起。[29] 这一观念的确没有直接对历史学产生影响。我们可以

178

---

① 狄亚多柯（Diadochi），其意为继任者、继业者，为亚历山大手下一批重要的将领，
有安提贡诺斯、吕西玛科斯和托勒密等，他们在亚历山大去世后群雄逐鹿，将帝
国分割为多个独立的君主国。
② 埃庇贡尼（Epigoni）为"后来出生的，后一代"，这里指狄亚多柯之后的一代人，如
安提贡诺斯·贡那塔斯和托勒密二世等。

在斯多葛哲学中找到它的影响,罗马人由此萌生了其统治有可能
拓展到全部地域(Orbis terrarum)的想法。作为一项史学原则,正
如我们所知,它在公元前 1 世纪的普世史中始见成效,又为基督教
的世界史观铺平了道路。

第三节　哲学的影响和慕古主义的兴起

　　我已经考察了修辞学对历史学的影响,现在我们要考虑的是哲
学的影响。公元前 4 世纪上半叶,古希腊人对政府和社会体制问
题有强烈的实践和理论研究的兴趣。这一时期不仅产生了智者伊
索克拉底,而且孕育了哲学家柏拉图。前者为时人写作,后者为千
秋万代著书立说。他们尽管互有不同,但是皆从不同方面展现出
古希腊人对政治思考的兴趣,并且都赋予其著作伦理的导向,影响
甚为深远。这两位大师一个天资卓越,一个才华横溢,一个有宏图
大志,另一个心怀理念,二者都为下一代人提出了史学上的任务。
伊索克拉底之后有泰奥庞波斯、埃弗罗斯和安德罗申,而柏拉图最
伟大的弟子认为有必要在研究政治哲学时考察希腊国家的政制史。

　　如果我们有伯罗奔尼撒战争时期充斥雅典的大部分政治文献,
柏拉图的政治思考和伊索克拉底政论小册子中的许多问题就能迎
刃而解。这类文献的一个早期样本是一部论雅典政制的佚名著
作。对于安提丰(Antiphon)①、特拉叙玛科斯(Thrasymachus)②、克
里提亚斯(Critias)③这些最知名作家的著作,我们只有极少数残篇。

---

①　安提丰(Antiphon,约公元前 480—前 411 年),古希腊演说家、政治家和智者代
　　表,以撰写法庭辩辞为业。
②　特拉叙玛科斯(Thrasymachus,约公元前 430—前 400 年),公元前 5 世纪的智者、
　　修辞学家。
③　克里提亚斯(Critias,约公元前 460—前 403 年)为古希腊的政治家和作家,公元前
　　404 年雅典"三十人僭政"的领袖之一,他创作过一些哀歌和悲剧。

不久前尼科尔（Nicole）刊印了安提丰《自辩辞》（*Apologia*）的一些纸草片断，它们固然很受欢迎，但却解决不了什么大问题。[30]

维拉莫维茨恰当地指出这些政论小册子是梭伦和泰奥格尼斯挽歌散文形式的延续，[31] 斯泰西姆布罗托斯的著作是其中最早的作品之一。最重要并且最有影响的小册子出自那些对民主制不满而期望以寡头制或共和制代替人士之手，他们经常讨论热点时政，也不乏论及个人。斯泰西姆布罗托斯的著作就是论述人物的，仿佛叫作《论泰米斯托克勒斯、修昔底德和伯里克利》（*Concerning Themistocles, Thucydides and Pericles*）。公元前 5 世纪雅典的历史被这些作家曲解成蛊惑人心的平民领袖史，这对下一世纪的雅典思想家有关键性的影响。苏格拉底的弟子迫不及待地对戕害其师的民主制采取诋毁的态度。柏拉图的《高尔吉亚》（*Gorgias*）、安提斯泰尼斯（Antisthenes）①的《政治家》（*Politikos*）、埃斯基尼斯（Aeschines）②的《对话录》（*Dialogues*）、泰奥庞波斯的《腓力时代》和亚里士多德的《雅典政制》（*Athenian Constitution*）为我们展现了形形色色的雅典平民领袖。这就好像美国 19 世纪的历史资料失传以后，一位反动的政论家写了一本书以说明一系列蛊惑人心的总统是美国历史的关键一样。

这类修昔底德时代的文献必定极大激发了人们对雅典历史的兴趣。它讹误了历史，却也促进了历史学的发展。比如，泰拉曼尼斯（Theramenes）③及其追随者试图证明他们所期望的政体——共和制并非人为创造，而是雅典最正当并且最原初的政体

① 安提斯泰尼斯（Antisthenes，约公元前 445—前 365 年），雅典哲学家，苏格拉底的学生，犬儒学派的创始人。
② 埃斯基尼斯（Aeschines，约公元前 390—前 314 年），雅典演说家，德摩斯梯尼的对手。他主张与马其顿议和，曾签订菲洛克拉特和约。
③ 泰拉曼尼斯（Theramenes），雅典温和派政治家。他在公元前 411 年领导寡头派政变，建立四百人政府，亦是公元前 404 年"三十人僭政"的领导人之一。

(πάτριος πολιτεία)，[32] 而当前的民主制是为了平民领袖的利益而制造、培育出来的变态政体。这样，原初政体的性质和梭伦改革的性质这些历史问题，成为人们亟待解决的政治问题。为说明当时的状况，我们可以比照英国教会不同派别对英国宗教改革的性质争执不断的例子。他们从各自的教义出发，对历史事件作不同的解释，到现在仍然争论不休。

亚里士多德的《雅典政制》或许从某种角度上可以被视为公元前4世纪的政治文献。有人称其为政论小册子[33]，这就好像把希罗多德的作品称为政治宣传册一样荒谬。亚里士多德的主要意图是进行科学研究，可是他极为关注当时的政治，其书有意要对时局产生影响。[34] 他运用了一些时文为典据，还特别援引了一篇公元前5世纪末引发争议的小册子，它反映了泰拉曼尼斯派中盛行的雅典历史上反民主的观念。这源于他的政治观念，而并非作为历史学家的好奇心使然。

然而，经亚里士多德编纂或在其指导下编辑的共有158个希腊政制，另外还有一些非希腊地区的政制，《雅典政制》只是其中之一。其目的是为科学地研究政治现象提供真实的资料。所以亚里士多德这个人物非常重要，他是政制史的创立者，维茨（Waitz）和斯塔布斯（Stubbs）的鼻祖。《雅典政制》是这些著作中仅存的一部，也是最可能受到亚里士多德政治偏见影响的，其缺点显而易见。它包括两个部分：第一部分概述到公元前5世纪末的政制变迁；第二部分描述现存的政治制度。前一部分的主线是赫拉尼科斯之后阿提卡编年史家记载的雅典方志，[35] 正如其他城邦政制的主线可能是埃弗罗斯曾经频繁参阅的当地方志一样。至此为止一切恰当，亚里士多德在运用梭伦的诗作说明这位政治家时代的经济状况时还展现了历史学家的才能。然而，他完全忽视了现代历史学家研究的基础史料——碑铭和档案。他没有领会公元前5世纪政治体制的运作，这是显而易见的。他具有批判的能力，却未能避免采用

182

183

引发争议的文献——那些聪明绝顶的政论家创作了他们自己的阿提卡历史。亚里士多德在记载战神山议事会被废黜时没有指出实际权力和政府掌握在五百人会议手中，而表示伯里克利完全控制着国家。事实上亚里士多德好像没有对这一问题做过多少思考，或者说他把思考局限在狭隘的既定看法的框子里了。其看法拘泥于形式，这在他讨论或者说未能成功地讨论雅典帝国的方式上体现得最为明显。如果一个现代学生要写一部雅典的政制史，最重要的问题之一是要考察民主制如何在帝国内运作并且帝国是如何做出回应的。亚里士多德对帝国的讨论用四行文字就草草收场（第 24 章）。此外，虽然他考察了政治危机引发的政体变更，但是一般来说，他关注的是已经废弃的机构，他告诉我们这些机构的名称，却没有说明它们是如何运作的。即便是对公元前 4 世纪的民主制，他详细描述了当时的政府机构及其形式上的运转，却没有为深入了解这些机构的政治功效而作任何努力。很难说他在这里是否查询过相关的法规，还是盗用了其他人的分析。[36] 如果说他是在这一历史论著里未能说明政体真实的运作，没有对不成文的国家法（Staatsrecht）作以阐释，可是他的研究专著《政治学》（Politics）亦没有回应这一诉求。

　　柏拉图很少涉及到历史领域，然而他所拥有的一个想法暗含了第一个文明史的观念也并非毫不可能。柏拉图的《法律篇》（Laws）降低了高度，更为接近尘世社会的真实状况，他在这部著作中勾勒了人类的发展历程。其中居于主导的是大灾难的观念，譬如毁灭人类的洪水或瘟疫。灾难过后，只有少数人存活下来，他们不得不开始重新构建文明，正如帕涅洛普反复编织她的网一样。最近一次这样周期性的大灾难是一场大洪水，少数在高山顶端的人们幸存下来，他们发现自己既没有交通工具，又没有技艺；金属都消失了，没有工具去砍伐木材。"这些原初民的悲惨境遇使他们之间产生了相互友爱的情感。他们无需为生存而争斗，因为他们有充足的牧场"以及充足的衣服、寝具、居所和用具，所以并不是一贫如洗。他们不富裕，因为没有金银财帛。可是"既不贫穷也不富裕的群体通常具有最高尚的准则。他们不蛮横粗野，又行事公正，他们之间没有争斗，没有嫉妒"。[37] 柏拉图在这里虽然没有用"黄金时代"的说法，但却描绘了一个道德上的黄金时代。然后他借助荷马对圆目巨人的描述，简单勾勒了原始社会的父权制统治，还叙述了农业和城市生活的兴起以及原本法律各异的人聚居在一起时制定法律的必要和立法的开端。他说明了大的族群在汇聚形成时如何中断父权制的统治而产生君主制或贵族制的政府。

　　阅读到这里，我们还以为我们正在回顾整个人类的发展历程。随后，这位哲学家突然笔锋一转，把这一广阔场景变换到特洛伊平原上，开始叙述从伊利昂①建立以来的传说。再后面是对希腊历史奇特的评论。柏拉图认为赫拉克勒斯的后裔错过了一次大好时机。他宣称他们之所以采用多利亚制度，是要保护整个希腊民族不受蛮族的侵犯，可是如果他们能更高瞻远瞩地立法的话，就会建立一个永久的希腊世界的同盟或者邦联，这就足以抵御所有的蛮族入侵了。就历史来说这是荒谬的，它源于柏拉图对伊索克拉底鼓吹的希腊民族国家观念的反思。和之前对从原初状态开始的人类进程的想象一样，柏拉图的确没有想要过于当真。

　　我猜想，当狄凯阿尔科斯（Dicaearchus）决定写这部最早的文化史（Culturgeschichte）时，他肯定知道柏拉图对原始社会的描述，那时候在物质上固然简陋，在道德上却是黄金时代。狄凯阿尔科斯的《希腊的生活》（Βίος Ἑλλάδος）从柏拉图所描绘的情形写起，追溯了希腊在公共制度、私人机构及技术上的发展。赫西奥德在"五个

186

187

①　伊利昂（Ilion）是特洛伊的别称，"伊利亚特"由此得名。

时代"的构想中表达了自黄金时代衰退的文明观,值得注意的是希腊人对原始文明的思考如何受到这一传统观念的束缚。

不过即使狄凯阿尔科斯的主题受到柏拉图的启发,可是他属于逍遥学派,他的作品是逍遥学派的代表作。这一学派的功绩在于促进了专门领域的研究,它创造了一类相当重要的关于各种专门学科的历史文献,例如哲学史、戏剧史和雕塑家的传记。逍遥学派主张收集各类事实并加以分类,法勒戎人德麦特里奥斯(Demetrius of Phaleron)在使希腊世界认可逍遥学派的理念上功不可没。他在离开雅典之后去了埃及。在很大程度上正是由于他的推动和影响,亚历山大里亚在托勒密一世的支持下广泛收集书籍,为托勒密二世正式建立两座恢宏的图书馆奠定了基础。[38] 亚历山大里亚的学者的确在政治史上著述不多,可是在文献学领域却成绩斐然。得益于图书馆的广博资源,博学好古之风在亚历山大里亚还有后来的帕伽玛最为盛行。这一风尚肇始于逍遥派运动,对历史学也产生了影响。我们可以在提迈奥斯的著作中看到这一影响。提迈奥斯虽然对哲学一窍不通,还恶言攻击亚里士多德,但是和亚里士多德学派一样热衷于收集各类事实,不遗巨细、乐此不疲,以至于被称为"收废品的老太婆"(γραοσυλλέκτρια)。

创立慕古主义①研究是希腊人为人类文化进步所做的众多宝贵的贡献之一。它的特点是从表面上看来,给人的第一印象是对功利漠不关心。古希腊人称之为"πολυπραγμοσύνη",关注不属于自己的事情,以此称呼一个与人类生活无关的范畴十分恰当。罗马对慕古主义的措辞也有类似的含义,"curiositas"指对实际上无足轻重的事情过于关心,其实就是热爱无用的知识。然而,虽然

---

① 慕古主义(antiquarianism)的术语派生于"antiquarian",后者在英语中用于描述热衷于古代或古物研究,对古代文物、考古、历史遗址、历史档案和古代手稿特别关注之人。"慕古主义"又或译"博学尚古主义"。

"curiositas"是那些不为任何功利目的工作之人的本能,但是我们必须记得它源于亚里士多德哲学理论的某一方面,因而位于一个体系之中,在其自身之外原本有正当的理由。从狭隘的意义上看,慕古主义可能没什么用处,可是从另一个角度来说,就像我在下面的演讲中要表明的,它具有人文价值,所以最终并非与功用无关。　189

虽然古代的慕古主义者往往博学多闻而缺乏判断力,他们在细节上品头论足、吹毛求疵却不能予人启发,但是也有杰出的例外者,比如说埃拉托斯泰尼斯——古代最伟大并且具有创造力的地理学家。他对自然科学的研究使他对古代的研究颇具创见。尤其值得一提的是他对荷马的态度。传统上人们相信荷马无所不知、毫无谬误,即使是伊奥尼亚哲学家的抨击和修昔底德的嘲讽也没有动摇这一点,这成为对早期希腊进行科学调查的一个巨大的障碍。埃拉托斯泰尼斯大胆指出评论家在研究荷马时必须铭记诗人的知识受其时代条件的局限,那个时代是比较蒙昧无知的。[39] 这是历史批判主义的一次重大的进步。

古代的慕古主义者没有在方法论上做出贡献,也没有在收藏文献之外为后来的研究提供便利,譬如编写书目和大量工具书以方便现代的学生。有些让人惊讶的是他们没有系统地抄录档案,没有系统地收集官方的文书。古代并非没有人产生过这样的想法。克拉泰罗斯(Craterus)曾经按照时间顺序编辑过一部公元前5世纪阿提卡的敕令集,他应该是与泰奥弗拉斯托斯同时代的人。旅行　190
家伊利昂人波莱蒙(Polemon of Ilion)孜孜不倦地抄写碑铭,以至于得到"石碑鼓捣者"(stêlokopas)的称号。在罗马人当中,皇帝韦斯帕芗的朋友穆奇亚努斯(Mucianus)编纂了一部官方文书大全,其中可能有共和国末期元老院的议事记录(acta senatus)。[40] 这一著作包括最重要的演说家和政治家公开演讲的记录,因此穆奇亚努斯编写此书可能是因为对演讲术感兴趣,而不是对历史感兴趣。不管怎样,这样的工作是异常出色的。

希腊没有创造科学的文献学,正如希腊没有创造科学的历史学一样。但是逍遥学派发起的运动对保存过去的记载并探幽索隐的价值不可估量。无论古代慕古主义者的方法在我们看来有多么粗糙和缺乏批判,他们代表了知识发展中一个重要的阶段。然而,尽管他们热衷于研究且不问功利的态度对重现过去的历史发挥了影响,但是追求修辞效果而不惜以真实性为代价的人创作了当代历史。不在此列的历史学家凤毛麟角,值得注意的有希耶罗努莫斯和波利比奥斯,前者我已经提到过,而后者是下一讲专门要讲的。

1　这是冯·维拉莫维茨-默伦多夫(von Wilamowitz-Möllendorff)的看法。

2　他的作品能够保存下来是因为阿提卡文体复兴时对他做了过高的评价。他和修昔底德、希罗多德一起被文学鉴赏家推崇为经典。参见 Lucian, *πῶς δεῖ* 4,“每个人都想成为修昔底德、希罗多德或者色诺芬”(Θουκυδίδαι καὶ Ἡρόδοτοι καὶ Ξενοφῶντες)。

3　卷 1、卷 2 到卷 3 第 10 节。

4　我们由此想到欧里庇德斯的《乞援人》(*Suppliants*)中对过世的阿尔戈斯领袖的描写(第 861 节往后)。

5　关于传记兴起的讨论,我参考了列奥(F. Leo)令人钦佩的著作 *Die griechisch-römische Biographie*,1901 年。

6　*De Glor. Athen.* 开篇(Bernardakis 编辑,卷 2,第 455 页)。

7　唯一另外一个,因为 G. 德·桑克提斯(G. de Sanctis,见参考书目)提出的安德罗申(Androtion)明显可以排除。在此我们可以肯定地说,安德罗申的阿提卡史不可能记载阿格西劳斯的战役。维拉莫维茨和迈耶(E. Meyer)认为作者是泰奥庞波斯。对此提出反对理由的是格林费尔和亨特,他们尽管倾向于这一看法,但是公允地提出不利证据,德·桑克提斯也有力地提出过反对论证。他们的论述十分充分,我不再重复。不过我要强调的是少数几个能显示纸草和泰奥庞波斯的残篇有联系的迹象,很可能有其他的缘由(比如泰奥庞波斯符合情理地使用过克拉提波斯的作品)。我们所知道的泰奥庞波斯的生平虽然有限,但是他在公元前 350 年以前写《希腊史》是根本不可能的;并且鼓吹作者是泰奥庞波斯的学者不得不借助的一个假设是《希腊史》在写作风格上和《腓力时代》完全不同,这与波尔斐里奥斯(Porphyrius)的一段文字产生冲突(Eusebius, *Praep. evang.* x. 3,德·桑克提斯在他的小册子第 9 页中引用过),而且狄奥尼斯修(在其 *Letter to Pompeius*,6 的评论中)把两部作品紧密联系起来,在叙述泰奥庞波斯的史学特点时没有前一部作品与后一部作品大相径庭的丝毫暗示。（在上述文字完成以后，又有反对作者是泰奥庞波斯的文章刊发，见 W. A. Goligher，在 *English Historical Review* 1908 年 4 月刊和 W. Rhys Roberts，在 *Classical Review* 1908 年 6 月刊。）

8　沃克（E. M. Walker）认为它写作于弗奇亚战争结束之前。

9　Dionysius, *De Thucydide*, 16.

10　同上。

11　这一段落在 col. x，学者们还没有提出有说服力的看法，其中οὑ γὰρ ὥσπερ οἱ(?) πλεῖστοι τῶν δυ]ναστευόντων和δη[μο]τικωτ是线索。他会是叙拉古人狄奥尼修斯吗？狄奥多罗斯（Diodorus, xiv. 7. 8）描述的狄奥尼修斯的一些举动会引起斯巴达的兴趣，可以想象，这或许使作者在这里提到狄奥尼修斯并转而叙述他的政策。

12　*History of Sicily*, iii. 63.

13　Dionysius, περὶ μιμήσεως, 426（Usener 和 Radermacher，208 页）；Cicero, *De Orat*. ii. 13. 狄奥尼修斯阐释过修昔底德和斐利斯托斯在风格上的不同（Dionysius, *Letter to Pompey*，5），斐利斯托斯的风格单调又统一。

14　"Capitalis creber acutus brevis paene pusillus Thucydides"：*ad Q. fr*. ii. 11. 我采用的是泰瑞尔（Tyrrell）和珀泽（Purser）的译文，卷 2，第 2 版，136 页。

15　Cicero, *Div*. 1. 33＝fr. 48. 参见 fr. 57.

16　他的著作写道腓力的逝世。

17　参见 Pauly-Wissowa 中施瓦茨（Schwartz）的文章"*Ephoros*"。

18　作者之子增补了第三十卷，写到公元前 340—前 339 年的佩林托斯之围。这一卷写得比埃弗罗斯的著作笼统许多，埃弗罗斯最后十卷所涉及的时间似乎不超过 34 年（第 19 卷从公元前 390 年开始）。参见施沃茨，前一引用文献，5—6 页。

19　这部作品（发表时间不早于公元前 324 年，参见 frags. 108,334）由 58 卷组成。

20　参看 Wachsmuth, *Einleitung*, 537 页以后。

21　他直言不讳地表示自己在神话上要胜于希罗多德、克泰西亚斯（Ctesias）和印度的作家（οἱ τὰ Ἰνδικα`συγγράψαντες）. Strabo, i. 2. 35.

22　*Letter to Pompey*, 6,7. "我猜想，"狄奥尼修斯补充道，"传说中冥府的判官审判死者时和泰奥庞波斯一样严厉。"

23　公元前 340 到公元前 256 年；被放逐是在公元前 317 年。

24　Fr. 2（Müller 编纂，*Scr. rer. Alexandri Magni*，140 页）：

ὅμοιον πεποίηκας Ἀλέξανδρε
Θήβας κατασκάψας,
ὡς ἂν εἰ ὁ Ζεὺς
ἐκ τῆς κατ' οὐρανὸν μερίδος
ἐκβάλοι τὴν σελήνην.
τὸν γὰρ ἥλιον ὑπολείπομαι ταῖς Ἀθήναις.
τῆς Ἑλλάδος ἦσαν ὄψεις.
διὸ καὶ περὶ τῆς ἑτέρας ἀγωνιῶ νῦν.
ἐκκέκοπται πόλις.

参见诺尔登（Norden）对韵律的分析，*Griechische Kunstprosa*，i. 136。

25　我们要记得波利比奥斯倾向于对斐拉尔科斯持否定的态度，原因在于他是克莱奥曼尼斯的支持者。

26　尤其是奈阿尔科斯（Nearchus）写他在印度洋旅行的著作。

27　他写的大概是公元前 4 世纪末的事情。从朗吉诺斯（Longinus）和德麦特里奥斯

(Demetrius)的评论来看,他的风格有亚细亚学派的特征。

28 我们可以和色诺芬《远征记》的一些章节加以比较。奈阿尔科斯的著作会让我们想起斯库拉克斯为大流士准备的报告。

29 参见 J. Kaerst, *Die antike Idee der Oekumene in ihrer politischen und kulturellen Bedeutung*,1903 年。

30 *L'Apologie d'Antiphon, ou λόγος περὶ μεταστάσεως*,1907 年(日内瓦—巴勒)。

31 这位学者还指出有位伊奥尼亚人写了一本小册子反对雅典的霸权并支持斯巴达(约公元前 404 年),伊索克拉底《颂词》(*Panegyric*)有一部分或许是为了反对这一小册子而作。

32 这一题材上的文献有特拉叙玛科斯的议政演说(συμβουλευτικός)(公元前 411 年)、为亚里士多德的《雅典政制》(*'Aθ. π*)提供许多素材的小册子和后来(公元前 403 年)吕西亚斯的《论保存雅典传统的政体》(*περὶ τοῦ μὴ καταλῦσαι τὴν πάτριον πολιτείαν 'Αθήνησι*)。[《论政体》(*περὶ πολιτείας*)一般被认为是赫罗德斯·阿提科斯(Herodes Atticus)的作品,E. 德雷鲁普(E. Drerup)以细致、严谨的研究澄清了这一谜题(*Studien zur Geschichte und Kultur des Altertums*,ii.1,Paderborn,1908)。他的解答很有意思。他从种种迹象推断这一著作写于公元前 404 年夏,作者是一位泰拉曼尼斯派的雅典人。它是讨论雅典时政的政治小册子,色萨利为名义上的主题只是为了掩饰。这就好比一位爱尔兰爱国者会通过一个波西米亚人之口请求自治。如果德雷鲁普是正确的,他的下一个推断——特拉叙玛科斯《为拉里萨人》(*ὑπὲρ Λαρισαίων*)的"演说"也是这样的小册子——是可能成立的。]

33 正如 Nissen 所为。

34 参阅 Bauer,第 274 页。

35 发现《雅典政制》(*'Αθηναίων Πολιτεία*)的一个重要成果是增进了对作品已失传的雅典历史学家的了解,他们站在赫拉尼科斯的肩膀上,又成为亚里士多德主要的资料来源。值得注意的是,其中至少一些年代记的编者是宗教大祭司(exêgêtai τῶν πατρίων),他们是雅典最类似于罗马大祭司的人。参见 Wilamowitz, *Aristoteles und Athen*,i. 280 页以后。我们知道姓名的有克利德莫斯(Cleidemus)、麦兰提奥斯(Melanthius)、法诺德莫斯(Phanodemus)[? 安提克利德斯(Anticleides)];关于安德罗申我们知道得更多些;后面还有德蒙(Demon),以及最后亦是最伟大的——大祭司斐洛科罗斯(Philochorus),其作品令前人黯然失色。斐洛科罗斯的重见天日对于增加我们历史知识的价值超过了《雅典政制》。狄杜莫斯(Didymus)对德摩斯梯尼《斥腓力》(*Philippics*)的评注包含了一些新的片断。

36 参见维拉莫维茨,前一引用著作,i. c. 7。

37 《法律篇》,第 678—679 页,乔维特(Jowett)译。《理想国》第八卷中政体衰退循环的顺序是揣测来的,并非真实时序。

38 Susemihl,i. 6.

39 Strabo, vii. 3. 6;另参见 1. 23 - 25。

40 Tacitus,*Dial*. 37.

第六讲　波利比奥斯

波利比奥斯大约生活在公元前 2 世纪的前八十年里（约公元前 198 年—前 117 年），这正是将希腊和罗马的命运交织在一起的伟大政治进程时期。他出生在希腊化世界，是这一文明高尚的代表，又见证了希腊化体系到希腊—罗马世界的转变，通报了新的希腊—罗马世界的来临。你们大概记得他在阿凯亚联盟的政坛中担任过公职，其父吕科尔塔斯（Lycortas）那时候是联盟的领袖。波利比奥斯当过骑兵长官，普得纳战役后（公元前 168 年）与其他人质一起前往罗马，被安置在凯旋的将领艾米利乌斯·鲍卢斯（Aemilius Paullus）家中。他在那里与斯奇比欧·艾米利乌斯（Scipio Aemilius）①私人的社交圈往来密切，意外地得到获取罗马事件一手信息和研究统治阶层特性及政体运作的绝佳机会。在那里他亦接受了其祖国的命运。他在罗马生活了十六年，而后才被准许回到希腊。在此期间他有了写作的构想，并完成了其中相当一部分（至少有十五卷）。他最初的设想是记述罗马征服的进程，即从第二次布匿战争前夕（公元前 220 年）到罗马征服马其顿（公元前 168 年）这五十三年的历史。他充分解释了从公元前 220 年写起的原因。

192

① 斯奇比欧·艾米利乌斯（Scipio Aemilius，约公元前 185—前 129 年）是艾米利乌斯·鲍卢斯之子，被斯奇比欧家族收养。他参与了第三次布匿战争，公元前 147 年和前 134 年任罗马执政官。

三场大规模的战争——罗马与迦太基的战争、希腊联盟间的战争（阿凯亚人和腓力①联手对抗埃托利亚人）及安提奥科斯和托勒密·斐洛帕托尔（Ptolemy Philopator）在东方的战争几乎同时在这时候爆发。在此之前，世界各地发生的事情没有联系，在起因和进展上互不影响。可是从这时候起，意大利、非洲的事件开始与亚洲和希腊的事件产生联系，历史开始呈现出一个有机体（σωματοειδῆ[1]）的形式而不再是分散的个体（disiecta membra）。

虽然波利比奥斯把公元前 220 年作为其著作正式的开端，但是他用了两卷的序言回溯罗马和迦太基早期关系的历史，包括第一次布匿战争和阿凯亚联盟早期的历史。因此，就西地中海地区而言，正如他明确指出的那样，其历史著作从提迈奥斯搁笔的地方写起。[2]

波利比奥斯用令人印象深刻的语句说明了其书的主旨。"我们自己的时代见证了一个奇迹，它就在于此。命运让世界上几乎所有的事情都朝一个方向发展，让所有的事情都趋于同一个目标。因此我作品的独特性就在于为我的读者展现命运达到这个目标所运用的方法和手段，这正是我写作的主要动机所在。我们的时代没有人写过世界史只是附加的原因。"[3]

公元前 146 年迦太基沦陷，希腊被吞并，这些随后发生的事情使波利比奥斯扩展了他的计划，把后来这个年份作为其历史著作的终点。该书经过扩充成为四十卷的鸿篇巨著，虽然许多卷存有长篇摘要，但是只有前五卷完好地保存下来。波利比奥斯似乎在公元前 134 年左右完成了全书的写作，可是直到公元前 120 年仍在进行增补和修改。增加的部分经常与其他段落相抵触，因为他还没有系统地修订全书就去世了。实际上，他对原来说明其写作

193

194

---

① 这里为马其顿国王腓力五世。

计划的序言并无变更,仅仅加入了一段修改计划的说明。[4] 在后面补充的内容中,最有意思的是与作者公元前 133 年左右出访西班牙[5] 及格拉古改革运动相关的文字。后者我会再讨论到。

我已经说过,波利比奥斯的历史是承接提迈奥斯的,值得注意的是在纪年上他采用了提迈奥斯使用的笨拙的奥林匹亚纪年,不过又以罗马执政官纪年和其他的年代标识为补充。[6] 在其著作的第一部分,他毫不间断地追溯各个国家的历史,一直到坎奈战争时期(公元前 216 年),而在此之后他采用了编年史的方法,对同一年里世界不同地区的事件同步地进行记述。

195

波利比奥斯在这部鸿篇巨著的编排上展现了卓越的才能,可是这四十卷是否像希罗多德的历史那样有一个结构均衡规整的大纲呢?考虑到我们拥有的许多卷只是残篇,这个问题很难有把握作答。尼森(Nissen)曾试图发现一个体例均匀的计划。[7] 他认为全书可以分成七个部分,除了其中一部分含有四卷之外,其他每部分都包括六卷。他认为每一部分都和罗马统治发展的特定阶段有关。他说:"第一部分包括序言;第二部分是罗马和迦太基角逐的顶峰;第三部分始于非洲的战争,以马其顿霸权的溃灭结束;第四部分追溯罗马霸权的历史;第五部分讲述罗马转变为有附属国的帝国;第六部分是到第七部分的一个过渡(这一部分特别短);第七部分的主题是最后地中海国家反抗罗马的起义。"他指出其中三个部分的结尾各有一卷长篇插话(第六卷论罗马政体,第十二卷讨论提迈奥斯的作品,第三十四卷关于地理)以支持这一构想。另外,增补的含有内容摘要的第四十卷是为了完成最后的六卷,可视为支持这一结构的论据之一。这一看法有一定的合理性,但是我们必须记得波利比奥斯在写作过程中变更、扩展了他的计划,如果他有意采用这样一个明确的计划而在第一卷或第三卷的序言中没有提及,我认为是难以置信的。他对读者应该充分了解其计划和编排的关

196

心与他在这样一个关键问题上的沉默不符。其书的均衡规整性并不像希罗多德的著作那样令人信服。

但是不管这种不完全的均衡性是出于作者的设计，还是仅仅来自于一位聪慧读者的发现，波利比奥斯选定地说明罗马政体的位置非常恰当，显示出高超的技巧。第三卷以坎奈战役的失败结束，这使意大利的霸主面临权势将要溃灭的前景。罗马是如何阻止了强势的入侵者，收复了意大利，征服了迦太基而致死地而后生的？历史学家强调了这个问题。其政府在逆境中采取的措施固然明智，但是如果罗马不是非同凡响的罗马，在最后一刻实行睿智的政策是不可能奏效的。波利比奥斯相信根源在于罗马的政体，所以在这里中断了对布匿战争的叙述，转而描述拯救罗马的政体。[8] 他抓住了读者最有兴趣而且想从政体中汲取启示的那一瞬间。

和修昔底德一样，波利比奥斯明确主张历史学家的首要职责是准确地陈述史实。他指出要完成这样的任务必须实现三个条件：首先，要对原始材料进行研究和批判；第二，要亲自调查，即个人对地形和场所的了解；第三，要有政治经历。他自己就是个实干家，在成为历史学家以前已获得了政治和军事经验，因此具备第三个条件。在达到另外两个自己订立的条件上波利比奥斯也不遗余力。他对历史文献有广泛的了解，对所用的权威文献直言不讳地进行独立评判。他不轻信"权威"，对写当代事情的作家或有名望的作家也不盲从。例如，他批评罗马历史学家法比乌斯（Fabius）对布匿战争起因的看法，评论道："有人认为既然他生活在同一时代又是罗马元老院的成员就没什么好质疑的。尽管我认为他有很高的权威性，但并不是绝对的权威性，并不能免除读者对事实本身形成自己的判断。"[9]

波利比奥斯还是一位旅行家，他旅行是为了进行历史调查，因为他相信亲自进行地形调查是写作历史的先决条件。他严厉地批评提迈奥斯(说他总是"住在一个地方")和罗德斯人芝诺(Zeno of Rhodes),指责他们因地理知识的匮乏而犯愚蠢的错误。波利比奥斯对希腊本身非常熟悉。[10] 德尔布鲁克(Delbrück)曾经指摘他对塞拉西亚战争①的叙述,而克罗迈尔(Kromayer)又成功地为其进行了辩护。他曾经在意大利和西西里游历,曾以官方身份访问非洲,曾与斯奇比欧同行前往西班牙对大西洋海岸进行调查,又经由高卢南部和阿尔卑斯山返回意大利。

波利比奥斯十分称道的历史学家应该是埃弗罗斯和阿拉托斯。同为阿凯亚联盟的政治家,阿拉托斯的回忆录自然能投其所好,不仅如此,它们还与其"历史是一门实用而非好古研究"的宗旨相契合。作者身为实干家,关注经世致用的东西,其回忆录提供了教益,这正是波利比奥斯所主张的历史的主要功用。在另一方面,埃弗罗斯作为一名普世史家——"第一位也是唯一一位撰写普世史的作家"亦投合其心意。[11] 因此阿拉托斯和埃弗罗斯分别体现了波利比奥斯作品的两个伟大的特征,也是他一贯强调的两个特征。他对历史的观念是"实用的",并且是"普世的"。"实用的"(πραγματικός)这一词语有时被误解了。一个实用主义的人意味着他是一位务实的政治家,实用的历史意味着对政治现状有影响并提供实际指导的历史。他在一个有意思的文段里写道,这样的历史总是有用的,并且现在比以往都恰好逢时,"因为我们时代的科学和技艺(ἐμπειρία καὶ τέχνη)已经取得了如此巨大的进步,以至于进行理论思考的学生可以根据规律性法则应对发生的状况"。[12] 他强调为了实现这样实际的用途,仅仅叙述事件是不够的,历史学家必须调查并解释原因和内在的关联。他说,历史的全部价值就在于对原因

①　塞拉西亚(Sellasia)在伯罗奔尼撒的拉科尼亚,公元前 222 年马其顿和阿凯亚联盟在此打败了斯巴达。波利比奥斯的叙述见卷 2,63—71 章。

的认识。一些研究者就波利比奥斯探究事件因果关系这一特定意义，为他的作品贴上"实用主义"的标签。这是对词语的误用，也不符合他的措辞。波利比奥斯称自己的史著是"解释性的"（apodeictic），因为它探究原因。[13] 他的历史著作是实用的，正因为是实用的，所以也是解释性的。

那么，波利比奥斯是如何看待原因的呢？他详细陈述了原因（αἰτία）和开端（ἀρχή）之间的区别，并举例加以说明。例如，亚历山大波斯战争的开端是他进入亚洲，而原因在波利比奥斯看来可以追溯到居鲁士远征和阿格西劳斯的战争。[14] 然而他未能深入触及历史起因的问题。他流于表面、机械地理解因果关系，没有从简单的单向因果观发展出相互作用或作用与反作用的观念，后者对于充分说明历史现象之间的关系是必须的。

波利比奥斯对因果关系总的看法比这一观点在单个事件上的应用更为有趣。直到年事已高完成作品以后，他还和普罗大众一样相信在自然和人为原因的常规作用之外，还有一种叫作"命运"（Tyche）的超自然力量支配着事件，出人意料地使它们发生转变。法勒戎人德麦特里奥斯用近乎哲学的方式表达过这种流行的看法，其文章《论命运》（Περὶ τύχης）[15] 无疑给波利比奥斯留下了深刻的印象，它对波氏作品一些段落的影响已经为冯·斯卡拉（von Scala）所证实。公元前 167 年马其顿王国的溃败和西方世界霸主势不可挡挺进的新步伐很可能有力地佐证了这位法勒戎智者的观点，波利比奥斯本人和他的国家都被罗马征服的车轮所波及。虽然波利比奥斯把罗马的成功归因于它的历史和政体，但是他在著作原计划的序言中写道："命运让整个世界和它的历史趋于一个目的——罗马帝国。她不断对人们的生活施展着她的力量，带来诸多的变化。在我们的记忆中，这是前所未有的。"[16] 所以罗马征服让波利比奥斯对德麦特里奥斯对于马其顿征服的感触感同身受。他在另一个地方引用了德麦特里奥斯的原话："我认为,在操控未知上施展能力的命运,即便是现在仍向世界展现她的力量,让马其顿人成为盛极一时的波斯人的后继者。她借予他们恩泽,直至对其命运有了新的决定。"[17] 波利比奥斯在其他很多地方也意识到命运在积极地起着作用,对她的变幻不定、自相矛盾和反复无常作出了评论,其语调和德麦特里奥斯如出一辙。

202

　　然而,在另外一些地方波利比奥斯的论调则显得十分不同。因此他指摘把公共灾难或个人不幸归于命运和宿命的作家,只有在人们无法或难以发现原因时(譬如在风暴或旱灾的情况下)才肯接受这样的看法,或许把事件归因于神或命运令其感到尴尬,"但是当你能发现事情的原因时,我认为,将之归因于神灵是无法接受的"。[18] 在你祈求上天降雨之前,不如先看看晴雨表。再者,他反对把源于人类能力和筹谋的事情归于命运或神明。这些以及其他相似的评论或许最终与德麦特里奥斯的学说并不相左,但调子却是不同的,它们显示出把外在力量的作用尽可能限制在最小范围里的愿望。可是还有一些论断与这一看法截然对立。阿凯亚人是一个人口有限、领土狭小的民族,波利比奥斯在考察他们取得显赫权势的原因时说:"谈论命运显然是非常不适宜的,那是个粗俗的解释,我们必须寻找原因。没有原因,不管是平常抑或离奇之事,万事都不会发生了。"[19] 写到这里,他的观点已经与从德麦特里奥斯那里学到的迥然不同了。不仅如此,他还把他的新主张应用在罗马帝国上。如果说在我刚才的引文中他声称罗马的成功是命运神秘作用的极致体现,现在他又同样自信地否定了命运与罗马伟业有关的理论。"罗马人的成功并不像有些希腊人认为的是因为命运,也不是无缘无故。他们的成功是自然而然的,是因为他们的训练和纪律。罗马人的目标是世界的霸权和统治,他们如愿以偿。"[20]

203

　　因此,尽管波利比奥斯最初认为一种超自然的力量支配着世界、改变着事件的自然进程，可是随着生活阅历的增加和对历史研究的深入，他逐渐把超自然力量（deus ex machina）的干预限制在越来越小的范围里，直到最后认定它对于一个实用主义的历史学家纯属多余。但是断言他最终接受了纯自然主义的学说又过于轻率。我们只能说他开始采纳这样一个观点：万事皆有自然的原因，命运或运气的作用大体上是无稽之谈。

波利比奥斯观点的转变很可能与斯多葛主义有关。可以肯定的是，与帕奈提奥斯（Panaetius）交往让他受到新的自由斯多葛派的影响。帕奈提奥斯和他一样，也是罗马斯奇比欧家族的密友。西塞罗《论共和》（*De Republica*）[21]中有一个人物说："我记得，你，斯奇比欧，经常与帕奈提奥斯交谈，波利比奥斯也在场，他们两位是最精通政治（rerum civilium）①的希腊人。"波利比奥斯没有成为斯多葛主义者，但是他吸收了一些斯多葛学派的思想，正如他早年受过逍遥学派的影响一样。

波利比奥斯在这一问题上观点的波动或许对实际历史事件的处理和陈述没有太大的影响。他对自由意志看法的改变对此却会有深入的影响。拿我自己来说，当我是个宿命论者时，我用一种角度看待历史；当我是非宿命论者时，我的观念和视角大相径庭。波利比奥斯和大多数希腊人一样是非宿命论者，他相信自由意志。他所接受的斯多葛主义学说没有触及这一点，因为帕奈提奥斯并非像克吕西波斯（Chrysippus）和早先的斯多葛主义者那样，认为世界由铁的必然法则所统治，与自由意志无关。

我们可以从波利比奥斯对政体兴衰的叙述看到他与斯多葛主义的联系。[22]他采纳了斯多葛派新的政体循环相继理论。当人类因洪水、瘟疫或饥馑而灭绝（这已经发生过，还可能再发生）并且被

① "rerum civilium"译为公共事务，或者政治事务。

新的种族取代之际，文明的建设必须重新开始。君主制是社会建制以来的第一种形式；它经过连续的蜕变和革命（僭主制、贵族制、寡头制、民主制）变成无秩序地民主制，波利比奥斯称其为"强权统治"（cheirocracy）；行将就木的社会只有返回君主制才能得救，循环又重新开始。在两次大灾难中间会有若干次这样的循环。波利比奥斯相信大灾难不只是古代的传说或哲学猜想，而是已经证实的科学事实。[23]

政体循环理论源于柏拉图和斯多葛学派，是早期哲学家提出的世界进程循环理论的应用。阿纳克西曼德和赫拉克利特或多或少表达过这样的思想，而明确阐述这一理论的是毕达哥拉斯学派。[24]你们记得维吉尔第四首牧歌（*Eclogue*）中的一段文字，一次新的阿尔戈英雄远征和第二场特洛伊战争正在酝酿之中：

206

> 伟大的阿基里斯再一次被送往特洛伊。
> Atque iterum ad Troiam magnus mittetur Achilles.

这就是循环理论，从逻辑上讲，它适用于大大小小的事情。我可以用哲学家欧德莫斯（Eudemus）那样生动的方式予以说明。按照毕达哥拉斯的理论，将来有一天，我会再次拿着讲稿站在这个会场进行波利比奥斯的演讲，你们每个人都会像今晚一样坐在那里，世界上其他的一切也会像它们在此刻的样子一样。换句话说，宇宙进程正是由重复的循环构成的，其中最微小的事情都会精确地再现。我们不记得它们——如果记得的话，事情就不会是这样的了。

然而，循环学说大概通常不会以这么极端的形式表述。[25]波利比奥斯起初甚至不接受成长、兴盛和衰败规律的普适性。他认为简单政体如纯粹的君主制或是民主制有其优点，可以用审慎明智

207 的政体原则的混合避免政体走向衰败。他详细分析了斯巴达和罗马的政治体制，它们是君主制、贵族制和民主制三种原则统一的绝佳例证。三种政体原则混合在一起，相互制衡，彼此抵消了各自蜕变的趋势。斯巴达人将其混合政体的想法归功于天才的来库古通过占卜获得神谕，罗马人则通过实践得来。换句话说，斯巴达的政体是人为创造的，而罗马的政体是发展而来的。从这些前提出发（其中很多并非事实），波利比奥斯推断斯巴达和罗马的政体会异常持久，显然认为它们摆脱了衰变的规律。你们可能注意到，混合政体最为优越并不是一个新观点。

可是在其他段落里，波利比奥斯则显得有所不同。他放弃了罗马一切的成功都因其混合政体的看法，转而承认它在第二次布匿战争达到强盛时的政体是贵族制的。混合政体理论是一种机械的、不充分的理论，即便它所基于的事实是正确的——罗马的确有一个三种政体原则持衡的政体。波利比奥斯在观点的转换中，不得不承认罗马生命力的秘诀不在于政府各部分机械的调整，并且
208 承认无法确保它不会衰落。然而是什么使他放弃了先前的观点呢？毫无疑问是他对格拉古时代变革的观察，这些变化令他大吃一惊。波利比奥斯刚开始写书的时候，罗马政权的结构看起来是非常稳固的。可是格拉古改革让他大开眼界，斯奇比欧被杀让其友人认识到它的重要性。这些动荡的岁月使往昔闪现触目惊心的光芒，波利比奥斯现在可以用明晰的视角审视过往，从弗拉明尼乌斯（Flaminius）的农业法（公元前 232 年）看到罗马民族衰败的开始。[26] 他没有改动已经完成的部分，而是在著作中加入新的段落，放弃以前混合政体会持久存续的观点。现在他意识到罗马也注定要衰落，因此他可以毫无保留地接受循环理论。斯多葛主义或许逐渐促成他见解的转变，斯奇比欧对时代的先兆也定然没有视而不见。革命的爆发应验了波利比奥斯在迦太基废墟上听到的友人

感伤的预言：

> 这一天会到来，
> 圣特洛伊和普里阿莫斯统治之劫数，
> 普里阿莫斯和他的民众会逝去。

> ἔσσεται ἦμαρ ὅταν ποτ᾽ ὀλώλη Ἴλιος ἱρὴ
> καὶ Πρίαμος καὶ λαὸς ἐυμμελίω Πριάμοιο.

这不只是对迦太基的悼文，更是对罗马的预言。

正如我所说，波利比奥斯和修昔底德同样深信历史学家的首要职责是发现并且如实地记载事实，因此二者都代表了对当时主流历史学的反动。他们都认为自己的作品是要提供教益而不是为了供人娱乐。波利比奥斯清楚地意识到对大多数读者来说，他的作品并没有吸引力，[27] 它写给政治家，而不是博学好古者或是想要娱乐消遣之人。正如修昔底德知道自己应如何著史的想法与希罗多德相违，波利比奥斯同样拒绝流行的历史编撰方式，指摘提迈奥斯和杜里斯之类最流行作品中的修辞效果或是激动人心的情绪。他对斐拉尔科斯严加指责，因为他往历史中添加了悲剧的效果。[28] 斐拉尔科斯总是夸张煽情，"小题大做"。他常常描绘绝望的男人、衣衫散乱的女人、孩子和年迈的父母在极端的悲痛中拥抱、悲叹和恸哭，以唤起读者的怜悯和同情。波利比奥斯严厉地说，悲剧和历史有不同的目标。悲剧的目的是感动心灵，而历史是为了增进智识。并且，正如修昔底德对伊昂和斯泰西姆布罗托斯等传记作家收集的逸闻趣事充耳不闻，波利比奥斯谴责后来的作家传播他所谓的"理发店粗俗的胡言乱语"——我们应称之为俱乐部的闲言碎语，或是每日新闻的谣言。[29]

　　总之,波利比奥斯代表了对修昔底德原则的回归,尽管并非有意识的回归,他是对二者之间最流行的史学潮流的反动。可是波利比奥斯没有直接受到修昔底德的影响,从他现存的作品来看,修昔底德不是他所熟悉的历史学家。除了受修昔底德时代以来政治变革的影响之外,波利比奥斯同样受到政治学说和哲学流派的影响。二人在治史方法上的尖锐对比会令任何切换书目的读者留下深刻的印象。修昔底德是一位艺术家,而波利比奥斯是一名教师。正如我们所看到的,修昔底德采用了剧作家那样客观的处理方式,很少直接向读者表达自己的评论或解释。相反,波利比奥斯完全是主观性的。他总是亲自登场,批评、阐述、强调、立论,一丝不苟,兢兢业业,提出个人的观点并且加以论证。修昔底德事先搭建好作品的结构,只为读者提供最后的成品。波利比奥斯则完全把读者当作自己的知心人,向其吐露所有的纲略要目。修昔底德简明扼要地说明作品的计划,简洁地表达他的撰史原则,对其他历史学家偶有评论也仅限于三言两语。波利比奥斯在作品开篇长篇大论地说明史著的编排,在其他地方又进行重述。在作品的结尾,他提供了按时间排列的全书纲目。他还打算在每卷的开端提供一个内容梗概,不过后来又倾向于在每个奥林匹亚年开始时概括其间发生的事情。[30] 因此他对读者应该充分理解其作品的结构表现出关切和体贴。他用很多篇幅讨论历史撰述正确的原则和方法,对这个话题反复提及;他离题是为了精心评论其他历史学家,诸如提迈奥斯、斐拉尔科斯、埃弗罗斯和泰奥庞波斯。他慷慨的教导、冗长的解释经常会令人厌倦。在这一点上,他与早期的历史学家形成了鲜明的对比。这一特征可能部分归因于流行哲学的影响,后者有助于促成说教的风格。我们的确可以说波利比奥斯的著作包含了一本历史学方法手册的内容,这在很大程度上提高了它对我们的价值。

波利比奥斯与修昔底德和大多数古人一样相信个人在历史上的重要作用。他引用欧里庇德斯的言辞"一个聪明的计划胜过众多人手",[31]重申一位才智之士比一群乌合之众更加有用的陈词滥调。他对其作品中出现的人物的性格颇有兴趣。在另一方面,他看到在伟大的人物之外,还有强大的力量在起作用。罗马已经取得至上的地位,不会为单个力量超凡的人物所掌控,一个学习罗马史的学生不会看不到这一点。波利比奥斯意识到民族性质具有重要的作用。他考虑了气候对它的影响,后来又发现决定一个民族性质的关键在于其制度和政治生活。我们看到他对政体机制十分重视。可是他不知道历史是一个持续的进步过程,看不到我们所说的历史趋势,对成千上万无名群众众多不起眼的活动如何导致了历史变迁毫无概念。他对自己时代的实情和状况、对同时代的人物都很了解,这一点即使我们手握其全部作品也无法企及。然而,尽管我们所知有限,但仍可以较为自信地说我们对他那个时代以及之前的趋势有更深刻的洞察力,对罗马国家所经历的变化及其成因有更清晰的理解。他从未察觉公元前3世纪下半叶罗马新的形势如何改变了其商业和经济状况,并且已经在变更其国家的性质。我们有能力推知这一点,要归功于人类经验阅历的丰富。

回到波利比奥斯对人物的处理上。修昔底德让我们从人物的公共行为及言谈形成自己的判断,波利比奥斯却按照他的方法分析和讨论人物的品质。可是,他不像色诺芬在《远征记》中以及几乎所有现代历史学家那样,想要完整地刻画腓力、汉尼拔、斯奇比欧或是作品中任何一位主要人物,他根据既定原则谴责这样的处理方法,注意到这一点很重要。他说,人是不能始终如一的,他们经常以违背其本性的方式行事,一些时候是出于朋友的压力,另一些时候是迫于特殊的环境。因此,一个人物刚一登场就给他下定

213

214

论,或者从其个别举动断定其整体性格是有误导性的。正确的方法是就事论事。[32] 同一人物既应受责备又需要褒扬,他受到事态变迁的影响,譬如他的行为会变得更好或是更坏。[33] 对马其顿的腓力三世①这样自己尤其关注的人物,波利比奥斯深切意识到有必要采用这样的原则。从对腓力和汉尼拔的论述来看,我们必须赞赏波利比奥斯在尽力理解和评价其性格时表现出来的尽职和公允。

心理学的确是波利比奥斯似乎考虑过很多的学科。从他对学习阅读心理过程的描述,[34] 从获胜心更强的人在搏斗中占上风因而战争在一定程度上是意志之较量的见解,[35] 从对个人经验(αὐτοπάθεια)重要性的强调,或是一种活动到另一种活动的转换助人宽慰这样的话语,我们能看出他对心理学的兴趣。一位德国学者以他的心理学观点为材料撰写过论文。波利比奥斯强调把未知、陌生的事物与已知、熟悉的事物联系在一起的重要性,我们应当特别注意这一原则,这在他自己的作品中有所应用。例如,他认为提到陌生的地名毫无用处,除非它们与读者所熟悉的地理知识产生联系,否则传达不了任何意义。[36] 他没有忽略考查大众的心理。他认为他们主要的特征是无知和胆怯,因而宗教情感对他们而言很重要,因为如果没有对神明的冀望,他们便难以承受意外的事情或是应对险情。[37] 神话唯一的作用是维持大多数人的宗教。[38] 波利比奥斯认为宗教信仰对受过教育的人没有什么价值,在一个全由智者组成的国度实属多余。然而他肯定没有低估它在现实社会中的重要作用。他指出宗教是罗马国家的基石。[39]

总的来说,波利比奥斯的看法是开明的,他致力于做到严格的公正。虽然他以道德标准评价政治人物的行动,但是他对人性的广泛研究使其通常采取了宽容的态度。或许没有哪位古代的作家

---

① 腓力三世为亚历山大同父异母的兄弟,这里所说的或是腓力五世。

比他更为不偏不倚了,我们能发现的偏颇之处只不过是例外。这些偏见多半出现在他讨论希腊事件的时候。他对阿凯亚政治的叙述无疑浸染了爱国主义,对埃托里亚人又显然不够公正。波利比奥斯未能避免这样的偏私。他说:"一个好人,应该爱他的朋友和国家,他必须与友人分享憎恶和喜好。但是当他着手写作历史时,必须忘记这些附加的情感,如果实际情况需要,他必须经常对敌人致以高度的赞扬,另一方面,他最亲密的朋友如有纰缪需加指责,则必须对之严厉地谴责。"[40] 在书中另一个地方,他在批评两位罗德斯历史学家(芝诺和安提斯泰尼斯)为国家荣誉而歪曲事实时,讨论了历史学家是否应该允许自己受到爱国情怀的影响。他说:"我承认,历史学家应该心向他的祖国,但是我不能接受他们可以做出与事实不符的论断。我们作家无法避免因无知而犯下许多错误,可是如果我们出于我们国家的目的、为取悦我们的朋友或者博取青睐而写虚假的东西,以利益来衡量真实的话,我们就会失去作品的可信性,并且与政客无异了。"[41] 这段话十分清晰地表达并且着重强调了对历史真实性的强烈要求,其重要性在于对修辞历史学派流行的做法提出了挑战。可是波利比奥斯没有完全坚持其令人钦佩的宗旨。他倾向于根据希腊国家对阿凯亚联盟的态度来评判它们。在另一方面,他对罗马却没有偏见,其作品的主旨是为罗马的统治找到合法性,对其希腊同胞实际的教导是应当顺应这一统治。可是即便波利比奥斯充分意识到罗马人的伟大特质,出于对希腊的同情,他也不会对他们的缺点视而不见。

于是波利比奥斯在少数理解历史的真实性、公正性并意识到自己对此负有责任的古代作家中脱颖而出。他不属于任何学派,对当时流行的史学潮流持反对的态度。可是,尽管反对竭力追求情感效果和以此赢得大众欢迎的做法,波利比奥斯也偶尔显示出讲述动人故事的技艺,正如对汉尼拔翻越阿尔卑斯山的叙述,他在记叙亚历山大里亚叛乱或是迦太基人雇佣军战争时展现了写实主义的才能。然而他没有试图运用生动的描述或是华丽的词藻，和希罗多德一样，他用最简单的方式给人留下深刻的印象。他遵循了插入演说的普遍做法，对它们的重要性予以强调。但是他认为应该再现实际演说的要旨，对提迈奥斯完全以自己的想象杜撰演说的做法严加指责。虽然波利比奥斯的一些演说也不乏波氏风格，但是我们得相信，他在创作演说时总是有据可依的。

波利比奥斯对文风也并非漠不关心，这在他严谨地避免脱文漏字上得到体现。非常重要的是，在罗马和迦太基协约从拉丁文本到希腊文版本的翻译中，他忽略了这些规则以避免翻译的准确性陷入尴尬或是受到损害。就我们所知，他没有遵从文学的样式。要研究他的措辞语汇，我们得查阅官方的文书敕令、哲学和科学的论文而非诗词曲赋。不过他对文学和经典的诗人还是十分了解的。他引用过抒情诗人品达和西蒙尼德斯，还有剧作家欧里庇德斯的作品。和所有受过教育的希腊人一样，他熟知荷马。第三十四卷的残篇与西方地理有关，从中能看出他对荷马评论的兴趣。奥德修斯的历险是否有真实的地理学背景？这个问题自古以来就存有争议。圆目巨人、克尔刻和卡吕普索的岛屿，斯库拉以及卡吕布迪斯（Charybdis）是否与地中海沿岸真实的地点相对应？它们是否是"人迹罕至的仙域"？在旅行者的海图上寻找这些名字是徒劳的吗？埃拉托斯泰尼斯认为荷马创造了一个富有诗意的想象的世界，那些地方和人物一样都是想象出来的。他说："寻找奥德修斯游历的地方徒然无用。若是你能找到把风口袋缝起来的人，你就能找到那些地方。"[42] 波利比奥斯不同意这种观点。他接受普遍的看法，相信诗人的地理描述是真实的。他毫不迟疑地把斯库拉和卡吕布迪斯间的航道认定为麦锡尼海峡（Straits of Messene）。M. 维克托尔·贝拉尔（M. Victor Bérard）的著作至少表明波利比奥斯大体上是正确的。

可是，波利比奥斯虽然经受住了修辞学的引诱，但却无法摆脱当时哲学和伦理倾向的影响。我所说的许多内容能表明他认为在历史学中实施道德标准和进行道德宣判是恰当的。他的伦理取向非常清晰地体现在对政体的研究上。根据他的阐述，导致政体衰败和变化的主要是道德原因，他忽视政治和经济力量的影响。这不是出于他自己的思考，而是因为受到哲学流派思辨的影响。在对事实的评论上，修昔底德给我们的印象更为独立且不受思辨理论的影响。他没有拘泥于政体形式，从未像波利比奥斯那样赋予其重要的意义。任何波利比奥斯看起来较之修昔底德所具有的优势，是因为存有记载的两个半世纪更为丰富的经历，是因为地中海历史已经转移到更大的舞台之上以及罗马世界霸权对新的普世史观念的启发。 220

波利比奥斯的历史著作作为一部可信的原始文献，其积极价值无论被怎样高度评价都不为过。我想引用蒙森（Mommsen）[1]的评论，尽管他不认为波利比奥斯是一位令人着迷的作家。"在历史学领域，他的书有如旭日。它开篇时，仍然笼罩着萨莫奈人和皮鲁士战争的雾霭就揭开了；当它结束时，一个新的并且更令人烦恼的暮色来临了。"

波利比奥斯作品中最原创的部分保存下来的只有残篇，这部分记载的是同时代的事情，无需完全依助于其他作家，而记述希腊失去独立的后期篇章，保存下来的更是少之甚少。不过许多资料却直接或间接地为后来的历史学家所采用，他的确成为他所记述的

---

[1] 特奥多尔·蒙森（Theodor Mommsen, 1817—1903 年），德国著名的历史学家、法学家，曾任苏黎世大学罗马法教授、柏林大学古代史教授和普鲁士议会议员。他对古罗马文明的研究极有造诣，著有五卷本的《罗马史》及《罗马公法》等，编辑过《拉丁铭文集成》。

那个时代最重要的信息来源。如果在下一代中再出现一位有如此政治经验和史学才能的波利比奥斯,我们对于伟大的民主运动时期——从提比略·格拉古到苏拉独裁这个对罗马国家至关重要的时期的了解,就会比现在清楚许多。然而,接替波利比奥斯的是另一位才华横溢、非同寻常的人物——阿帕米亚人波塞东尼奥斯(Poseidonius of Apamea,约公元前 235 —前 151 年),人们越来越认可甚至夸大他作为一位思想家的深远影响。波塞东尼奥斯是斯多葛学派帕奈提奥斯的学生,在罗德斯任教,西塞罗在那里聆听过他的演说。他是庞培的朋友,在罗马有文化的圈子里广为人知。他曾在西欧旅行,把自己对地理的研究写进《论海洋》(On the Ocean)这本书里,斯特拉波引用过其中的许多内容。波塞东尼奥斯不仅是哲学家和地理学家,还是数学家、天文学家、自然科学家和气象学家。他写过一本讨论太阳尺寸的书,对与月相有关的潮汐研究也做出过重要的贡献。他兴趣广泛,跟亚里士多德和莱布尼茨一样多才多艺。历史学只是他众多追求中的一种,并非其主要的追求。他的历史著作(52 卷,也可能是 62 卷)从公元前 144 年波利比奥斯结束的地方着笔,似乎到公元前 82 年结束。我们只有它的部分残卷,但它却是我们对那个时代认知的资料来源,李维、狄奥多罗斯、阿庇安、普鲁塔克和约塞弗斯都汲取了其中的材料。波塞东尼奥斯有些倾向于寡头制,对他的朋友庞培有所偏袒。他像波利比奥斯一样是旅行家,亦和波利比奥斯一样在政治生活中发挥了作用——不过是在罗德斯狭小的舞台上,影响力不及前者。他曾经作为城邦使节出使过罗马。波利比奥斯首先是一位政治家,而波塞东尼奥斯首先是哲学家和学者,他有一种诗人的想象力和热情,这种热情在波利比奥斯身上是找不到的。令人担忧的是我们对这一时期一些重要的事实并不清楚,对此波塞东尼奥斯本人比那些摘录他的作家更有责任。他的态度的确与波利比奥斯不同,这一差异使其难以获取信任。在哲学上他没有从老师帕奈提奥斯那里学会审慎,其斯多葛主义更有一种神秘主义的气质;事实上,它与这一学派早期的宗旨如此背离,以至于可以被当作神学。他相信占卜术,就这一主题撰写过专门的文章,[43] 还相信梦的重要性,因此会接受波利比奥斯视为荒谬的事情。总之,我想我们可以说,虽然波塞东尼奥斯对当时的思想领域有广泛而深远的影响,在古代学术史上占据相当重要的地位,虽然他的历史著作是当时文献主要的资料来源,其失传令人惋惜,但是我们不能说他用新的原则或方法推进了历史研究,较波利比奥斯而言他在某些方面体现出退步。从残篇来看,其作品的一个显著特点是"文化总体观"223 (Culturgeschichte),他似乎想展现高卢人、帕提亚人等蛮族粗野却崭新的方式与埃及和叙利亚衰颓的文明之间的对比。我们无法确切获知他总的撰史方法,但是我们可以较为肯定地说,有一类历史学家,人们阅读他们的作品不是为了修辞或情感,而是为了用理性思考去诠释过往,汲取启迪,波塞东尼奥斯具有的特质使他成为其中的一位。[44]

1　i.3.4.这一统一在迦太基失败后才变得清晰可见,而第二次布匿战争中东方的事件促成后来罗马的介入。

2　i.5.1.

3　i.4.1.

4　原先的计划见于 i.1-5 和 iii.1-3;新的计划 iii.4-6。

5　有研究表明,波利比奥斯对新迦太基的描述中出现了方位上的错误。他在访问此地之后插入了一段文字,纠正当时关于周长的说法(x.11.4),但是其他错误却没有修正过来。参见 Cunz, *Polybius*,第 8 页以后和 Strachan Davidson, *Selections*,附录。

6　波利比奥斯纪年的开端与奥林匹亚纪年的起始时间(七月)不符,较之推迟了约三个月(十月一日左右)。这可能是因为秋分以及阿凯亚和埃托利亚将军(Stratêgoi)任期的开端大约都在此时。参见 Nissen, *Rheinisches Museum*,26.241 以后。他让人注意到 xii.11.1 这个段落,它表明提迈奥斯可能对这一体系有一定的影响。

7　i. 如上引。苏塞弥尔（Susemihl）赞同这一观点，ii. 125。

8　在第六卷。中间的第四卷和第五卷记载希腊同时期的事情。参见 iii. 118。

9　iii. 9。

10　xvi. 16.5 中对迈锡尼相对于科林斯地理位置的陈述的确是奇特。

11　v. 33。

12　ix. 2.5。一位古代作家显示出"进步"的观念，这样的段落实属罕见。

13　ii. 37.3；参见 iii. 1.3。

14　iii. 6。

15　该文没有保存下来，但是普鲁塔克在他的《对阿波罗尼乌斯的慰藉》（*Consolation to Apollonius*）中摘录过其主要论点和内容。参阅冯·斯卡拉的著作（参见书目）。

16　i. 4.5。

17　xxix. 21.5 - 6。

18　xxxvi. 17.1 - 4。

19　ii. 38.5。

20　i. 63.9。

21　i. 21.34。

22　在第六卷。

23　vi. 5.5。

24　参见 Gomperz, *Griechische Denker*，i. 46，54，113 往后。

25　有趣的是狄奥尼修斯在《论古代演说家》（*Περὶ τῶν ἀρχαίων ῥητόρων*）第二卷中用周期性来解释阿提卡复兴："或是因为统治之神或是因为古代秩序自然周期性地循环"（εἴτε θεοῦ τινος ἄρξαντος εἴτε φυσικῆς περιόδου τὴν ἀρχαίαν τάξιν ἀνακυκλούσης）。

26　ii. 21.8。

27　ix. 1。

28　ii. 56。

29　iii. 20.5。"理发店粗俗地胡言乱语"（κουρεακῆς καὶ πανδήμου λαλιᾶς）。［古希腊原文有"理发店粗俗的闲言碎语"或"理发店和市井小民的八卦"两种译法。——译者］参阅他对提迈奥斯影射亚里士多德的评论，xii. 8.5 - 6。

30　这一转变发生在第五卷以后。参阅第六卷开篇。

31　viii. 5.3；i. 35.3。

32　依照这一原则，他只笼统地刻画出现一两次的次要人物。在 x. 2 中对斯奇比欧初步的刻画只是就其青年时期。

33　xvi. 28。

34　x. 47。

35　Fr. 58。

36　v. 21；iii. 36。

37　x. 2.10。

38　xi. 12.9。

39　vi. 56.6 以后。

40　i. 14.4。

41　xvi. 14。

42　xxxiv. 2. 11.

43　西塞罗在《论占卜》(*De Divinatione*)第一卷中引用过。

44　我在这一讲中没有涉及的波利比奥斯作品有意思的地方,可以参考很有价值的马哈斐《希腊的生活和思想》(*Greek Life and Thought*)相关章节。

第七讲　希腊对罗马史学的影响

　　罗马在政治上具有天赋，这使我们期待罗马人有原生的、反映民族特点的历史学。可是他们还没来得及发现自己的史学样式就受到了希腊的影响。在历史编撰上，正如在所有的文学分支上一样，他们发现希腊的影响无可抵挡。他们的历史学由希腊人塑造而成，在方法和原则上都是希腊的。

　　罗马史学的创立者——第二次布匿战争时期的贵族用希腊语写作罗马编年史，罗马史学脱胎于希腊史学的事实彰明较著。其中最重要的也是唯一一位我们对其作品有所了解的作家是 Q. 法比乌斯·彼克托尔（Q. Fabius Pictor），①波利比奥斯参阅过他的著作并且钦敬有加。那时候希腊语被认为是受教育阶层所使用的语言，它是那个已知世界的"世界语"。这一事实压倒了主张使用拉丁语的强烈的民族情绪。你们大概记得腓特烈大帝用法语撰写了他的《回忆录》（*Memoirs*），吉本最初也想用这种优雅而通用的语言写他的《罗马帝国衰亡史》（*Decline and Fall*）。

　　打破这一传统需要一位不因循守旧之人，他具有强烈的民族情感甚至于要嫌恶希腊，同时决意走自己的道路，这就是 M. 波尔奇

---

① Q. 法比乌斯·彼克托尔（Q. Fabius Pictor）为公元前 3 世纪人，罗马历史学家的鼻祖。他出身于贵族家庭，参加过高卢战争和第二次布匿战争。他的罗马史从罗马起源一直写到公元前 3 世纪末，用希腊语写成。

乌斯·加图（M. Porcius Cato）①。加图用自己的母语写作了罗马史《溯源》（*Origines*）②。它带有强烈的个人色彩，也反映出他的偏见。他摒弃了编年体的形式，率意表达自己的见解和看法，实际上随心所欲（liberavit animam suam）。就我们当前的主题来说，其作品的重要性在于它卓有成效地打破了传统——其后的历史学家都用拉丁文写作了。

　　然而变化的只是介质，罗马人仍然完全处于希腊方法和范式的影响之下。希腊史学最坏的倾向体现在瓦莱里乌斯·安提亚斯（Valerius Antias）的《编年史》（*Annals*）上，它一直写到苏拉的时代。安提亚斯在肆意编造上胜过希腊的谎言家（Graecia mendax），出于民族虚荣心牺牲了所有对真实性的诉求。瓦克斯穆特（Wachsmuth）称其作品是"最糟糕的历史小说"。在另一方面，我们有萨鲁斯特（Sallust），他是一位更年轻的同时代人，罗马史家三巨头之一，有人认为他在其中真正的位置仅次于塔西佗，却在李维之上。可是不幸的是，他记载公元前 78 年到公元前 67 年这十二年间的主要著作只有一些演说和信件保存下来。他的专著《朱古达》（*Jugurtha*）和《喀提林》（*Catiline*）让我们看到其作品带有强烈的个人色彩，灵敏地反映出一位悲观主义者观望凯撒和庞培时代罗马国家的风云际遇时怀有的深深的忧虑和悲伤。很明显他深受先前最具独创性的拉丁历史学家——监察官加图的吸引，然而对他影响最大的作家是希腊人修昔底德和波塞东尼奥斯。他为修昔底德所倾倒，可是因为秉性上的差异，只能在表面上模仿而难以步修昔底德之后尘。

226

---

① M. 波尔奇乌斯·加图（Marcus Porcius Cato，公元前 234—149 年）又称老加图或监察官加图，罗马共和国时期的政治家，拉丁散文和史学的奠基者。
② 又译《罗马历史源流》或《创始记》。

李维(Livy)著史的初衷是为罗马人写一部其国家发展的历史，这部史作在取材范围和篇幅长短上都应适于主题的需要。他得以应对这一宏大的主题，成功地成为当时流行史学的典范。其文风平和舒缓，文句的清晰明朗的叙述(clarissimus candor)和牛乳般丰溢(lactea ubertas)①有不可抗拒的魅力。可是，虽然李维的史著远胜于希腊同期修辞学家哈利卡那索斯人狄奥尼修斯的作品，但是他有许多修辞学派固有的缺点。他想做到准确，可是他的标准不高，方法也欠考虑。李维不了解修昔底德和波利比奥斯所追求的严格的历史研究方法。他完全不屑于劳心费力地参考原始文献，例如碑铭或是教宗敕令。他参阅铭文的少数情形之一是因为皇帝奥古斯都引起了他对一则铭文的注意，奥古斯都对其著作的进展表现出极大的兴趣。他没有将波利比奥斯的格言——历史学家在叙述军事事件时必须具有地形学知识——铭记于心。他没有煞费周折地探访特拉西美诺湖战役发生的地点，在记载那场战役时把两段不一致的叙述掺杂在一起。总之，卡里古拉皇帝对其"啰嗦又草率"(verbosus et negligens)的批评不无道理。[1]

正如萨鲁斯特的作品在精神气质上反映了那个激荡的内战时代，李维的历史著作也映照出奥古斯都胜利之后驻留在罗马世界中的平静。他是个御用历史学家，其作品与皇帝奥古斯都的政治理念体系相契合。它有一种平静的乐观主义，自然远不及无情揭露罗马贵族制腐朽的前人著作有趣，也远不及描述帝国体制黑暗面的更伟大的后继者之作吸引人。与李维相比，塔西佗不仅是一位更有个性的作家，而且是更加伟大的历史学家。他更具有批判性，并且以历史研究所需要的更高标准为指导。我们在阅读他的

---

① 这是公元1世纪古罗马修辞学家昆体良(Quintilian)的评价(*Institutio Oratoria*, x. 1.32,101)。

著作时可以质疑他的解释和阐发，却不能质疑他的史实或是对材料的运用。郝普特（Haupt）说他天生就是个悲剧诗人，纸页之间饱含着他的个性。他的全部作品都含有一个主调，以"危急的帝国命运"（urgent imperii fata）这一警示厄运之言表达出来。对他影响最大的历史学家无疑是萨鲁斯特，他们在政治和道德上的悲观情绪如出一辙。塔西佗在"萨鲁斯特式的简洁"（brevitas Sallustiana）①上胜过萨鲁斯特，在庄重、严肃和热衷于心理分析上与之相似。不过在这一点上他也受到当时修辞学派潮流的影响，心理分析和警句式的简洁在该派中蔚然成风。虽然塔西佗是个技艺精湛的修辞学学生，但是他在使用修辞技巧时极为谨慎和吝啬，只有在为制造某种特定效果的时候才会运用。可是他在叙述战争时却牺牲了准确性以换取文风。他记载战争完全不是出于军事方面的兴趣，而是出于修辞的兴趣。

229

　　我们恰好有一个办法可以检验塔西佗引用的演说和真实发表过的演说之间的关系。克劳狄皇帝授予高卢居民荣誉权（ius honorum）时向元老院发表了一次长篇演说，其中相当一部分内容保存在里昂的一块铜板上。塔西佗声称再现了这篇演说。将他的版本与原始版本对比可以发现，他以原始的演说为基础，但是又进行了改造。他重新调整了前后顺序，增加一些新的内容，删除了冗长的段落，使其符合自己的风格，还略去了皇帝拙劣的口头语。例如，克劳狄在演讲中突然说道："提比略·凯撒·日尔曼尼库斯（Tiberius Caesar Germanicus），现在是时候向元老院透露一下，揭示你的演说将何去何从了。"塔西佗的演说没有这一奇怪的过渡用语，但是主要的意思和论点是一样的。这个例子能很好地说明像

① 萨鲁斯特以简洁著称，故有语出昆体良的"萨鲁斯特式的简洁"（Sallustiana brevitas）的说法（*Institutio Oratoria*，x. 1. 32）。

塔西佗和修昔底德这样最好的历史学家是怎样创作演说的。如果原来的演说经过发表，历史学家就避免再重复一遍。由于追求行文风格的一致（塔西佗对克劳狄演说的处理很好地显示了这一点），他们不能对原文照抄照搬；如果用意译使文句大相径庭，显然也不适宜。我们可以用李维的例子证实这一原则。加图的历史著作里有一篇其本人致罗德斯人的演说，李维明确拒绝提供这篇演说。同样，塔西佗省略了塞内卡临终前的演说，因为它已经发表过了。只有在篇幅极为简短的时候才会有例外。例如，塔西佗逐字重复了提比略传达给元老院的简短口信，正如色诺芬复述了一位斯巴达海军长官简短的消息一样。在其他情况下，罗马历史学家从希腊人那里继承的原则是从不以原始面貌再现文档或演讲，对于已经发表过的更是要完全避免。苏埃托尼乌斯和康奈琉斯·奈波斯（Cornelius Nepos）是违反这一原则的例外，他们又可以援引波利比奥斯为先例。

　　萨鲁斯特巧妙地运用了修昔底德用演说展现历史人物动机和性格的方法。但是他没有局限于这种方法，他也自由地刻画人物并率意引入自己的评论。例如，他对加图和凯撒迥然不同的描写是很出名的。塔西佗采用了戏剧中间接表现人物的方法，但又如此精心巧妙地改进了这一方法，以至于使之焕然一新。能显示其技艺的一个简单的例子就是对奥古斯都的刻画，塔西佗以人们对他的评论来反映这个人物，恰如一位剧作家会让两个观点迥异的人在街上相遇并且就某人的性格展开争论，以展现他到底是怎样的人一样。然而塔西佗的杰作（chef d'œuvre）是他的"提比略"（*Tiberius*）。作者假定其主要的性格特征为虚伪，从心理层面重构这位皇帝。他从未讨论过这一问题，只是从这个视角来展现人物，从这个意义上解释他的言行，并运用一切手段含沙射影地（在这方面他是行家里手）表现出来。我们通过与苏埃托尼乌斯和维勒伊乌斯·帕特尔库鲁斯（Velleius Paterculus）的对比可以说明塔西佗的方法，他们在描写提比略时收集了这位皇帝所有的特征和用以佐证的事实。很明显，塔西佗通过强调某些方面、忽略其他方面的方式使题材受限从而获得总体效果。《编年史》是一部罗马史和朱利安-克劳狄王朝的罪行史。这本书的确记载了这一时期的战争，但是几乎可以肯定的是它忽略了帝国。塔西佗的读者在释卷离开时对整个帝国的管理效率不会有任何的概念。

　　塔西佗和萨鲁斯特一样用伦理的视角评判历史，我指的是从个人道德规范的角度。他用美德和高贵的理念来判定行为，不考虑时间和情境，也不承认适用于个人行为的标准也许并不适用于公共行为。在这方面，他与后来的阿克顿勋爵（Lord Acton）立场相同，阿 克顿阅读历史的首要原则是把最严格的个人道德标准应用在公众人物的举动上。有人可能认为这种态度在研究过去时有些徒劳无益。社会学尚处于襁褓阶段，人们会问，到了盖棺论定的时候吗？比起塔西佗的道德评价，修昔底德难道不更合情合理，他的政治分析难道不更令人受益良多吗？对道德持压倒性兴趣自然是塔西佗所体现的修辞学派的特点之一。希腊的历史学家自公元前 4 世纪以来一直温和地强调伦理，而对塔西佗来说，这是一个生死攸关的问题。232

　　我还要提到一位卓越的用拉丁语写作的历史学家，他在方法、风格及其本人与所记事情的关系上与其他的历史学家迥然不同。凯撒的战记（Commentaries）是一个杰出的典范，清晰而有条理地记述了罗马外部的事件，作者是事件的亲历者，比任何其他人都知悉内情。我们在阅读中的确要铭记，作者之所以承担历史学家的职能，并非完全出于历史学上的兴趣。他有政治上的目的和考虑。《高卢战记》是为了体现作者行为的必要性并且证明或者显示他的才干。《内战记》全书并未完成，是为了转移对他的谴责。所以这233

些著作在某种意义上是政治宣传书册。我们无法核实凯撒征服高卢的故事,可能他隐匿了许多内情,凯撒表现的质朴和率直或许是最巧妙的歪曲事实的手段。然而我们现在所关心的不是对其事实的评判,而是他采用了亚历山大的将领所开创的简单、直白的叙述方法。凯撒的战记是这类历史作品中唯一现存的样本,毋庸置疑,它们是古代产生的最好的作品。不过因为前面有皮洛士和阿拉托斯回忆录的先例,所以它们并不是罗马土壤所独创的。然而,凯撒将自己的作品仅视为职业历史学家即修辞派史学家写作的素材,这一点是很重要的。

于是你们看到最优秀的罗马历史学家在理念和方法上完全拘囿于希腊的传统。对他们来说,正如西塞罗所认为的,历史学是修辞艺术的一个分支。我们的确可以说从帝国开始起,希腊、罗马历史学家之间的差异就无足轻重了。我们在研究李维和哈利卡纳索斯人狄奥尼索斯之后的历史文献时,必须将希腊和拉丁作家一起进行考虑。修辞史学仍然占据着优势地位,而慕古史学也有一些热衷者。罗马有一系列杰出的慕古主义者,如瓦罗(Varro)、许吉努斯(Hyginus)、阿斯康尼乌斯(Asconius),而苏埃托尼乌斯的独特之处在于他写历史只是要勤勉地收集事实,却从不考虑修辞效果。他对政治的看法与塔西佗非常相似,可是在他的传记里(正如列奥指出的,在编排上墨守成规),他不直陈个人的观点而是让事实说话。

我们可以通过彼得细致详实的著作[2]了解希腊罗马史学在帝国早期到狄奥多西大帝时代的发展。这部作品的特殊价值在于把希腊和拉丁历史学家结合在一起研究,还展现了历史写作如何受到宫廷和公众的影响。他充分说明了在写当代史时作者的自由如何受到恐惧和希望的限制,他的视野如何因为当时公众对除宫廷丑闻以外的任何当代事件缺乏兴趣而受到局限。例外者为数甚少。我们已经习惯于把阿米亚努斯·玛尔凯利努斯（Ammianus Marcellinus）看作塔西佗之后唯一一位建树斐然、有重要地位的拉丁历史学家。最近科尔内曼（Kornemann）发现了一位新的明星，称之为"罗马最后一位伟大的历史学家"。这位不知名的作家据说为那部存有争议的帝王传记《罗马帝王传》（*Historia Augusta*）①的作者提供了宝贵的材料。即使科尔内曼所言确凿，阿米亚努斯也不会把他在拉丁历史学家中的地位让给这位活跃在塞维里时代的不知名的作家。3

235

最后，我要说一下普世史，它在罗马帝国成为一种确定的史学样式。人们经常注意到斯多葛学派的世界主义原则和人人皆兄弟的信条如何促成了包含世界上已知民族历史的综合性著作的产生。阿古里昂人狄奥多罗斯（Diodorus of Agyrion）按照斯多葛主义理念表述过普世史的价值，给人留下深刻的印象。他说："所有活着或曾经生活过的人尽管在时间和空间上彼此分离，但是都属于共同的人类家庭；旨在把他们通盘考虑的普世主义历史学家是神意的代理人。神意在时间的轮回中统治着星辰，也同样统治着人类的性情，为每个个体分配恰当的职责。那些把世界当作一个城镇记述其历史的人，用他们的作品为人类提供了一个交流过往记载的场所。"但是狄奥多罗斯自己对这项任务却不堪胜任。他的作品没有中心的观点；他不能把握发展的线索，看不出主题各个部分之间的相互联系，也没有自己独立的见解。各个民族各自的历史并存于他四十卷的架构中（这个数字是受到波利比奥斯的启发吗？）。他的史著是对先前作家的摘录、转述和藻饰绮丽的汇编，它对我们的价值在于其现存部分包含了许多已经失传的作家（如埃弗罗斯

236

---

① 《罗马帝王传》（*Historia Augusta*）大约成书于公元 4 世纪，包含罗马帝国 117—284 年从哈德良到努迈里安的三十篇帝王传记。就其创作者的问题存在着争议，一种观点认为作者可能是戴克里先到君士坦丁时代的六位历史学家。

和波塞东尼奥斯）作品的片断。

对普世史理解和把握得更好的恐怕是庞培乌斯·特罗古斯（Pompeius Trogus）的作品，这部著作已经失传，我们只能从朱斯廷（Justin）的摘要中略知一二。它是一部包含希腊和东方世界的普世史。罗马历史在与希腊和东方民族产生联系和碰撞之前一直被排除在外。有人推测作者之所以忽略罗马史是因为同时代的李维已经叙述得相当充分了，这好像不无道理。然而，虽然其普世特征由此受到限制，但是它和波利比奥斯的作品一样显示出一种统一感和连贯性。这体现在其"腓力史"（Philippica）的作品名称中，①它表明马其顿的历史或多或少是引导或连接的线索。先前的历史在马其顿帝国达到顶点，由此又产生了亚历山大之后伟大的君主制国家。因此这部作品巧妙地发展了波利比奥斯的思想。

这样的重构有助于为历史写作提供新的框架以及为基督教徒赋予其新的意义做好准备。他们承担了从时间上校准希腊、罗马记载和犹太记载的任务，由于神学的需要建构了普世历史。[4] 教会无法回避应对这一问题。为了吸引文明世界的民众，基督教不得不考虑非希伯来民族的历史；为了说明犹太历史至为重要这一荒谬离奇的论断，它不得不在普世体系中为希腊人和罗马人的历史找到合适的位置。希伯来圣经确认了奥古斯丁提出的人类历史可分为六大时段的观点，其中最后一个阶段从基督的诞生开始，将持续到世界结束的时候——这些历史的阐释者笃信如此。[5] 基督教在宗教而不是政治现象中发现了世界史的核心观念，为历史学引入了一条新的、有害的原则。历史撰述到此时为止是完全自由的。荷马的确在希腊人中享有很高的权威，但是相信荷马并不是宗教教义，修昔底德和埃拉托斯泰尼斯等人像我们一样参阅荷马史诗，

---

① 或译《腓力王国史》，拉丁语名为"Historiae Philippicae"。

与使用其他的古代文献别无二致。希腊人曾试图把本民族和其他民族的传说整理成一个调和的体系，可是他们没有完善的方法，也没有充分认识到所需的条件。他们在整理时太过于随意，只依据理性而没有教条的约束。基督教史学接受一个高高在上、难以撼动的权威的指导，就是受神意启发的犹太人的记载，它们决定了世界历史总体的框架和视角。这就是枢机主教曼宁（Cardinal Manning）著名的"信条必须战胜历史"原则的首次体现，它指导了所有教皇至上学派的历史著述。

基督教对历史的重构由最高的教会权威推行，在整个中世纪都钳制了人们的思想。虽然它无助于知识的进步并且整体上荒唐可笑，但是它强调并增强了斯多葛学派所宣扬的人类统一体的观念。斯多葛学派几乎从未明确应用这一观念，导致它不过是个抽象的理论。基督徒赋予之真实而深刻的含义，因为他们相信地球上所有的居民对基督教体制有共同的、极为重要的关切，尽管他们可能没有意识到。只要让人们习惯于所有人类种族团结一致的观念，基督教的阐释就佐助了普世史从古代观念到现代观念的转变。历史学为此付出了代价，屈从于权威，自由探究被搁置了几百年。 239

我们也会注意到盛行于中世纪的普世史观念与一种普遍理论有关，这一理论宣称要为人类全部的发展提供一个指导线索和意义，有时被称为历史哲学的首次尝试。它由奥古斯丁在《上帝之城》（De civitate Dei）中提出，在这部书中整个世界发展的结果被阐释为上帝之城（civitas Dei，教会）对人间之城（civitas Diaboli，以世俗王国为代表）的胜利。这一超越认识之外的理论对于想理解历史真实进程动因的学生没有任何帮助；奥古斯丁的推断与希腊人的循环理论一样都不应该被称为历史哲学。可是虽然历史哲学 240 （Geschichtsphilosophie）是现代的产物，以赫尔德为创立者，但是基督教的构想标志着一个重要的阶段，因为历史进程第一次被明确地认为是包括了过去和将来的有意义的整体。

通过这些演讲，我希望我已经在一定程度上解释了：历史学为什么没有骤然产生，而是通过希腊人逐步批判的过程，从虚实交错的神话罗衾中分离而渐进产生的；这一过程与批判思想和科学探究的发展（先在伊奥尼亚，后来在雅典）存在怎样的关联；使伊奥尼亚和东方紧密联系的政治事件以及同时期开始的地理勘察如何激发了早期历史学家的创作；历史学又如何藉由修昔底德批判研究和如实记载政治事件的天才思想结束了第一个阶段的发展，明确地从襁褓和孩提时代笼罩的神话迷雾中解脱出来。我们看到希腊历史上的重大事件对希腊的历史著述产生了影响。希波战争引发了对"现代"史的研究；希腊对波斯的胜利激励了希罗多德；雅典帝国启发了修昔底德；马其顿政权的崛起为希腊统一提供了一种新的可能，也促成了希腊整体史或普世史的观念；马其顿对东方的征服扩大了历史学关注的视野；最后，罗马的征服使波利比奥斯产生了前所未有的最为宏大的历史观念。我们也看到历史学受到每个相继时代流行的智力运动的密切影响——伊奥尼亚的怀疑主义和科学、智者学派伟大的启蒙、伊索克拉底的文学理想、亚细亚文学对阿提卡文学传统的挑战、创造慕古史学的逍遥学派哲学以及后来的斯多葛哲学。我们看到历史学在其总体发展中受到希腊生活中盛行的修辞学的巨大影响。我们注意到在某种程度上它满足了现在由小说所满足的需求，并受到这一事实的影响。最后，我们还看到罗马史学发端于希腊史学，又如何追寻着它的轨迹。

接下来我们会参照现代的观点，探讨古人对研究、记载历史的用途和目的所持有的看法。

241

1 有人指责李维起初轻信瓦莱里乌斯·安提亚斯的夸夸其谈,在意识到瓦莱里乌斯不可信之后,为自己受到误导进行报复,施之以谴责。需要注意的是霍华德教授已成功地为李维进行了辩护。他指出此说并无根据,李维总是谨慎地引用瓦莱里乌斯。参见他在 *Harvard Studies in Classical Philology*,xvii,1906 中的相关论文。

2 见参考书目。

3 E. Kornemann, *Kaiser Hadrian und der letzte grosse Historiker von Rom*,1905;O. Th. Schulz, *Das Kaiserhaus der Antonine und der letzte Historiker Roms*,1907.

4 塞克斯图斯·尤利乌斯·阿弗里坎努斯(Sextus Julius Africanus)和尤塞比乌斯(Eusebius)撰写过基督教的世界编年史,尤塞比乌斯借鉴了前者的著作。

5 希腊作家已从四个伟大的君主国家(亚述、波斯、马其顿和罗马)的交替中看到划分时代的原则。杰罗姆将之与但以理的预言联系在一起,他深信罗马是最后一个伟大的国家。

第八讲　古代对历史用途的看法

　　　　为什么应该研究历史？为什么应当写作历史？并非只有现代的历史学家才会如此询问自己。古代的作家业已考虑过治史用途的问题，修昔底德是第一位提出问题的史家。希罗多德的确宣称其著作总体的意图是保存对过去事件的记忆，记载应当享负盛名的伟业。这一声明表明希罗多德没有自问过这样的问题。他预见并且是正确地预见了人们对于历史的兴趣，可是没有审问过它的意义。激发他写叙事散文的动机与吟游诗人创作荷马史诗的动机如出一辙。

μοῦσ' ἄρ' ἀοιδὸν ἀνῆκεν ἀειδεμέναι κλέα ἀνδρῶν.

缪斯激发吟游诗人歌唱人类的伟业。

　　　　他认为历史学家的目的与吟游诗人的目标完全相同，都是为了娱乐受众。只要历史是出于这个动机而作，那么显而易见不可能

把真实性和准确性作为首要考虑的对象。

　　　　修昔底德肯定反思过为什么人类事件应该被记载下来，他的回答使历史学有了新的根基。他拒绝接受历史唯一或主要的目的在于提供娱乐的看法，而为历史研究提供了一个理由，就我们所知这是他自己发现的。他说："准确地了解已经发生的事情会很有用，

因为依据人类的可能性，相似的事情还会再次发生。"他首次提出历史在满足人们的好奇心或民族自豪感之外还有其他的用途，它有明确的实际效用，包含可以训练政治家或军事指挥者的经验教训。对这一看法最为深信不疑的历史学家莫过于波利比奥斯。正如我们所看到的，他坚信历史是统治技能和战争艺术的学校，孜孜不倦地强调其主题的实际用途，热切宣扬"实用主义"的原则成为其书的一个特点。正如我们所知，大多数古代历史学家长期以来只以取悦读者为导向。但是如果你问修昔底德之后的任何古代作家，研究历史在提供娱乐之外的用途是什么，他都会回答历史研究服务于实用的目的，提供警示和借鉴，让人们能够借以过去判断现在和未来。伦理主义者（许多历史学家的主要兴趣在于道德伦理）会进一步强调历史为道德训诫提供了直观的教学。

现在我要提醒你们的是，一般来说古人认为历史有实际的用途，历史研究的主要缘由即在于此。在讨论他们特有的历史实用论的依据之前，我必须说一下历史是一门有实用价值的学科这个一般命题。它好像与 20 世纪所宣扬的观点背道而驰，这一观点否认历史应该有实用的目的，主张历史研究必须只以其本身为目的，不能另有所图，任何可能与实际生活相关的取向都是附带的。倘若从绝对的字面意思来理解，这一观点在我看来毫无意义。历史学不能孤立于人类知识的整体（方法论研究的时候除外），人类知识如果与人类生活相脱节就没有价值了。但是，如果我们把"历史为其自身的目的"解释成一条规范性格言，它就很重要并且很有用了。在这个意义上，它意味着在研究历史的时候必须视其超然独立；历史学家在考察过去的事情时，不能考虑——至少在第一时间不能考虑除事实以外的任何事情。换句话说，它假定历史是一门科学。对自然现象的研究会在伦理、宗教和政治层面密切地影响社会，对历史现象的研究也会产生这样的影响。与自然科学以及

244

245

其他所有学科一样,历史学为自身科学的发展也要求完全的自由和独立。如果它同意附属于政治、伦理或者神学,它的价值就会消失,它的动力也就衰竭了。为了实现其功用,我们必须(和所有的科学一样)视其本身为目的。这就是"历史学为其本身的目的!"口号的真正价值,据我所知也是其唯一的价值。在它的旗帜下,历史学在19世纪取得如此显著的进步。但是这一价值,我再重复一次,只是一个规范性原则,它只关注历史学家的方法和直接目的,却没有表达出他们工作的最终目的。

希腊人是慕古主义的创始者,在前面的讲座中,我谈到这是他们对人类进步所做的宝贵贡献之一。从慕古主义发端开始,人们就本能地、不经反思地致力其中而不询问个中缘由。从其源起的背景中,我们能找到一个大致的答案。我已经说过,它肇始于亚里士多德哲学学派,是亚里士多德认为所有现象都有重要性的结果,万事万物都值得研究,对于人们对宇宙认识的合成有重要的作用。我们并非亚里士多德学派,也不属于任何哲学派别,可是我们必须承认,既然万物相互关联,那么肯定会有某个时刻每一事实对人们对世界的看法都可能有重要意义,因此每个事实皆有实用的价值。就说历史现象吧。可以想象在无限遥远的将来,在历史得以实现最后的整合时,所有的事实都必定占有一席之地。如果我们考虑到历史记载不可避免地存有疏漏,那么显而易见每一事实都弥足珍贵。譬如,一个微不足道的细节或许可以让我们正确地重构历史,就好像在侦探调查中一个很不起眼的情况(如一个词语的拼写)可能成为关键的线索。你永远难以预料。所以慕古主义历史学家玩的是长远的游戏。他收集、筛选并解释与人类生活看似无关的事实。如果你目光短浅,那些事实或许只是看上去稀奇而已,对人世功利感兴趣之人不会去关注它们;可是终有一天一个这样的事实或许能让我们解决一个问题,或者证明一个理论,它们对人

246

类的价值才得以彰显。因此我们可以说"历史为其本身的目的"的口号意味着历史已经开始系统地参与长远的游戏了。我们要记得不管这个游戏有多长，游戏规则有多专业，于人有益才是其最终存在的理由。我们不要把"历史为其本身的目的"理解为历史不能另有所用，任何它可能拥有的实际用途都是附带的而非必有的。这样的看法具有学究气，是宽松的学院氛围中盛行的一种荒谬且毫无顾忌的遁世妄论。 247

　　但是此外，我们也不能忽视或低估历史研究所具有的即时的实用价值，这一点我想请你们特别考虑一下。古代最重要和有才干的历史学家（尽管其中不乏对古代研究感兴趣之人士）认为研究历史的目的在于它有实际的价值，与生活直接相关。然而他们对实际价值存在于何处的看法肯定与处于当前人类发展阶段的我们的观念不同了。人类经历的丰富和科学思想的进步改变了我们对自己在宇宙中所处地位的看法，现在历史对人类的利益或者说实际的好处已经变得更至关重要，也更根深蒂固，这是古人以他们的人生观念所难以想象的。

　　让我们更仔细地考察一下古代的学说。修昔底德和波利比奥斯皆认为历史对政治家和军事家有直接的用处，他们的观点是基于相似的情形会再次出现、过去遇到的问题将来还会有待于解决的假设。修昔底德按照习惯简明扼要地表达了这一看法，波利比奥斯则以惯有的翔实依据哲学理论阐述了这一原理。我们看到波 248
利比奥斯如何提出"历史循环运动"（anacyclosis）的理论。每个循环一结束，一个新的循环就开始了，历史一如既往地循复先前的轨迹。这一观点流传甚广，西塞罗以"某种奇异的轨道和循环"（miri orbes et quasicircuitus）表达过这样的看法。早期基督教教父为宗教利益进行先验的普世史的整合，将循环理论束之高阁。这个理论显然与基督教的核心教义是无法兼容的。有另一个提菲斯（Alter

erit Tiphys)①意味着就会有另一个基督（alter erit tum Christus），这会使基督教信仰变得荒唐可笑。然而循环理论在文艺复兴时期再度出现。马基雅维利赞同古人的观点且有过之而无不及，他说历史是政治的女教师，对历史做出了高度评价。他的观点同样建立在历史循环运动的原理上。圭恰迪尼（Guicciardini）②也同样相信这一理论。

经验的增长使我们知道古人历史实用性主张的依据是站不住脚的。循环理论已经被丢弃，取而代之的是无限"进步"的观点。我们已经确定历史并不重复它本身，不同时代历史现象的相似是表面的，远不及它们之间的差异重要。因此我们无法支持古人赋予历史的这一特别用途。如果说它对培养政治家确有价值的话，那么要么是更宽泛性质的价值，要么与他们所设想的截然不同。

事实上，虽然我们意识到历史对政治家熟悉各种政治现象和扩展眼界有教育意义，可是我们已经不再把它当成为政治家储藏警示和借鉴的仓库。在希腊人的世界观中因果联系和发展的观念并不占主导，它们却支配着我们的世界观，使我们知道对于任何一个特定事态，或者任何社会或政治现象，如果不了解它的来龙去脉，我们就无法予以理解。换句话说，要想理解现在的含义，我们必须熟知过去的历史。我想你们会同意，（根据我们目前的观点）这是参与主持公共事务之人以及参与投票、指摘并促进公共舆论形成的普通公民需要历史研究（即便并非不可或缺）的主要原因。

因此虽然依据有所不同，但是我们对于历史研究依然得出与波利比奥斯同样的论断：它是政治家和公民的学校。然而在这个直

---

① 在阿尔戈英雄寻找金羊毛的故事中，提菲斯是阿尔戈船上的舵手。

② 弗朗切斯科·圭恰迪尼（Francesco Guicciardini，1483—1540 年）是意大利文艺复兴时期的历史学家和政治家。他著有 20 卷的《意大利史》，记载从 1494 年意大利战争爆发至 1534 年教皇保罗三世继位四十年的意大利历史。

接的用处之外,历史学还有更多、更深远的实际作用。在过去的半 250
个世纪里,历史研究已经稳固地、不可抵挡地对我们的看法产生了
影响,它影响着我们对自己在世界上所处地位的看法和我们对事
物的评价。普通意义和狭义上的历史(对人类事件的记载)与广义
上的历史(自然科学研究的范畴,包括我们星球上生命的进化、地
球自身的演化和宇宙的演变)同时都在发展。与自然科学的成果
相比,历史科学的某些结果即便不那么引发轰动,在某些方面的影
响却同样巨大,因为它们距我们更近,至少目前与我们的关系更为
直接。这些成果或许以德国作家的术语概括得最为精炼——“历史
相对主义”。我们开始意识到过去所有的事件无论重要性如何,和
它们的历史情境都是相关的,它们不能脱离时代的背景而被赋予
绝对的意义。它们是整体中的部分,脱离了那个整体就没有意义,
就像人的胳膊脱离了身体就毫无意义一样。这一真理的发现立刻
影响了我们对当前的看法,因为随之而来的结论是当前的观念和
事件不具有绝对的价值,它们仅代表人类发展的一个特定阶段而
已。于是观点和事实被置于其应有的位置上,有的降低了,有的提
高了。如果它们依托于历史情境,也会由此获得合理性。例如,以 251
现代的视角来看,我们会对中世纪教会和国家的关系感到惊讶,而
当我们研究了那一时期的情况,就会知道那种关系是有其合理性
的。很难说后世会对我们西方现在的哪项制度最为震惊,但是我
们希望他们也会发现其存在必有缘由。历史相对主义原则引发了
所谓的历史的态度,并且改变了我们对现在和未来的看法,因此具
有直接的实际价值。或许可以说,它是19世纪思想发展最为重要
的成果之一。[1]

　　我觉得这一变化的影响不亚于我们新近的自然进化设想的产
生。我可以通过对比历史科学和自然科学的发展如何分别对神学 252
产生影响来说明这一点。地质学发现、进化学说和达尔文理论对

教会造成了极大的恐慌,可是实际上它们只是触及皮毛。对普遍接受的基本教义体系影响更大的莫过于教会当局接受日心说,它之于伽利略的迫害者仿佛洪水猛兽一般。比较一下从斯特劳斯(Strauss)和布耶(Bauer)开始的历史批判主义的成果。它已经起到坚定有力地瓦解传统信仰的作用。今天我们看到在历史批判主义的庇护下,教会内部有头脑且不畏惧运用它们的人士正如此激进地改变着基本教义,以至于当那些教义呈现出来的时候承认它们是如此困难。

在这里我要顺便说一下,历史学家很有必要认识到历史相对主义同样广泛适用于他自己的历史判断。历史学家的见解受其时代思想的制约,他关注的焦点是由当时文明状况的狭隘限制所决定的。因此他的判断绝非定论,其持久的魅力在于它们是一个特定时代所提出的见解,带有那个时代倾向和思想的特点。希腊人没有这一观念。他们会说任何时候一位智者的判断都是终极的或绝对正确的。早期基督教历史学家认为他们掌握了绝对的准则;把每个历史判断当作最终结论的错觉至今仍很普遍。它必定最终让位于历史相对主义原则,随着人类经验的增长,人们会越来越认可这一原则。

在结束讨论历史相对主义之前,我还要再说明一点。有人可能想当然地以为历史研究非常适用于消除沙文主义、自满和偏狭。然而我们不能说迄今为止它在抵御这些思维习惯上事实上卓有成效,它更倾向于有所助力而已。不过或许将来它会发挥更大的作用。我们正在探讨的这个新的历史观念显然可以用于促进宽容的精神,冷却自满的情绪,在这方面,它比任何过往的观念都更加有效。那个普通人为异教徒辩护时率直地力陈他们"知道的不过如此",按照历史相对主义,我们也应该具有这样的宽容之心。这一原则使我们谨记我们自己也"知道得不过如此",我们受我们历史条件的局限,千百年后我们会受到从一个更高的文明平台上观望的批评家的评判。

　　想到一个遥远的后人会评价我们，不由让人想起另外一个密切相关、可是直到最近才开始活跃和真正存在的观念。值得注意的是希腊人和罗马人极少思考或者瞻望人类的未来。其历史记载所涉及时段的局限、循环往复学说和广为流传的自黄金时代衰退的观点可能妨碍了他们对这一论题产生实际的兴趣。不过他们也考虑过很长的时间跨度，比如说"大年"（magnus annus），它相当于12,954个普通的年份。塔西佗在一个非常有趣的文段里问道：我们使用"古代"和"现代"这些术语有什么意义？"与短暂的人生相比，我们和德摩斯梯尼之间的400年似乎很漫长，可是如果你把它们和整个时代相比（ad naturam saeculorum），它们又几乎可以忽略不计。这就是如果你考虑大年的话，我们称为古人的德摩斯梯尼好像跟我们属于同一年份甚至同一月份的原因。"我认为这段文字在历史视角的领会上几乎绝无仅有。然而这个对我们在时间中位置的意识转瞬即逝，未能激发起任何对人类未来命运认真或持久的探索欲望。希腊人充满所谓的进取的活力，可是他们增进文明进步的劳动并未促成人类在知识上、在驾驭自然及社会结构上无限进步观念的产生。我想我们完全可以说在希腊人看来，他们自己生活和思想的总体状况是不能改变的，只能在细节上有所改进而已。他们从不幻想经过逐步的发展，有朝一日达到与他们完全不同的、更高层次的文明。他们梦想着一个黄金时代，可是通常都相信它属于过去。他们认为它存在于更为简单而不是错综复杂的环境中。他们对于改善人类命运的渴望没有体现在对后代的责任心或强烈的使命感上。希腊爱国演说中经常出现的对后世的责任感主要是因为修辞的需要，并不意味着对子孙后代有什么认真的观念。在此之后，基督教徒幻想人类的世俗生活会非常短暂，随后会进入没有历史、没有变化的状态，任何未来尘世进步的观念皆被摒弃。教会推行的这一错误观念对人类发展在心理上造成了独特的影响。只有在这一谎言被推翻以后，我们才开始对无限长远未来进步的展望，它如所有着眼长远的思考一样引入了一个新的道德准则，即对千百年后我们子孙后代的责任。进步是莱布尼茨哲学的一个特征。1750 年，杜尔哥（Turgot）①非常清晰地表述了历史进步的理论。虽然这一学说在法国大革命时代并不新颖，但是杜尔哥的好友孔多塞（Condorcet）以其名著《人类精神进步史表纲要》（*Esquisse d'un tableau historique des progrès de l'esprit humain*，1795）让世界第一次认识到它的重要价值。历史进程的意义在这里被宣告为社会和政治的进步。这一观点经孔德、巴克尔（Buckle）②的著作及圣西门、傅立叶的思考得以发扬光大。显而易见，它比任何先前的观念都更有力地激发了人们对于过往的兴趣。它为历史学注入了更加深刻的意义。我们由此把我们前面短暂的发展和我们之后漫长的发展看作一个连贯的整体，我们对人类命运"实际"的关注必然引发对其过去命运"实际"的兴趣。

"进步"自然暗含了价值的判断，所以并不科学。它假定了一个标准——某个端点或某些端点，我们以之为参考判断历史的运动并宣称它们意味着进步。我们无法证明人类已经取得了绝对的进步，因为我们不知道那个绝对的端点是什么。所以，科学地说，我们没有理由把人类的文明史说成是进步的，我们只能确定它是一系列有因果联系的变化。

于是，会有人反对说人类无限的进步只是一个假定，时间会证明它是错误的。也会有人问，即使我们西方文明呈现上升趋势并

---

① 杜尔哥（Turgot，1727—1781 年），法国政治家、经济学家，重农学派的代表之一。著有《关于财富的形成和分配的考察》，指出人类社会的历史就是人类理性进步的历史。

② 巴克尔（Buckle，1821—1862 年），英国历史学家，著有《英国文明史》。

且目前看不到它发展的界限或障碍,我们凭什么保证它有朝一日
不会受某些现在未知因素的影响而达到一个明确的极限呢?我承
认这样的理论质疑是有道理的,持续的进步是一个设想而已,但是
我认为它没有影响我的观点。进步的观念在当代是一个真实的、
起作用的力量,我所说的它对历史研究的影响仍是站得住脚的。
我们难道不可以说,在这一问题上的不确定(可能人们一方面取得
了进步,另一方面又有所倒退)不正引发了我们对于研究往昔的兴
趣吗?如果能在这一领域深入探索的话,我们或许会发现文明命
运的某些线索。

　　我们与古人的一个很大分歧就在于希腊人和罗马人没有无限
进步的观念。这一观念的产生为历史学注入了更多的活力。希腊
人依照并不恰当的命运观行事,重现过去对他们来说是一种本能,
对此提供的理由很浅显。对我们来说,因为我们对过去和未来的
因果联系有了更深入的了解,因为我们已经拥有了发展的观点并
做着进步的美梦,对历史的重构已成为必然。

258

　　历 史 已 成 为 一 门 科 学。历 史 学 能 被 提 升 到 科 学 或
"Wissenschaft"①的行列是因为发展的观念。我们把每一历史事件
或现象都看作一个连续变化过程中的一环,历史学家要做的是尽
可能全面地确定它与前后环节的联系,说明它的因果关系及在所
属发展过程中的意义。历史研究难以企及的理想是充分解释整个
人类文明的发展。虽然自然科学和历史科学处理迥然不同的材
料,采用不同的方法,但是探索人类文明的发展与探索太阳系或地
球生物的历史一样是科学问题。如果希腊人拥有两三千年的历史
记录,他们可能已经产生了具有因果联系的发展的观念,可能已经

---

① 德文的"科学"(Wissenschaft)用于指一切有系统的知识和学问,文学、哲学、史学
　和语言学等皆在其中。

创立了科学的历史学。他们对过去的了解仅限于几个世纪,使他们无法产生这样的观念,历史学因此总是服从于即时的实用目的。然而我们不能低估修昔底德向世界宣告的新观点的重要意义,他指出历史不仅仅是一本故事书而已,而是对于政治家的训练。这一观点标志着巨大的进步。它意味着人们对历史学家的责任有了新的看法,对其准确性开始提出更高的标准。修昔底德宣布的这一观点或许可以与 1824 年兰克宣告科学的历史学[2] 相提并论,兰克倡导历史学家的任务不是传授经验或是进行判断、而仅仅是调查事情是如何发生的。正如修昔底德的观点和对准确性的要求结合在一起,这一现代学说的出现也与科学方法的引入同步。

历史学作为一门科学是超然独立的。然而,正是使历史学成为科学的发展的观念增进了它对人类的价值。历史学自勃兴之时对人类生活就具有价值,过去对我们的精神面貌、我们的观念和判断、对现状和未来可能发生事情的影响越来越大,越来越具有深刻的意义。到目前为止,这些的确还是希腊人的看法。希腊人本主义的历史观念比以往更加真实了。

1　历史相对论主张历史中没有绝对的价值,价值随时间、地点而变化。虽然这一原则是现代的观念,但是希腊人偶然有一些简单的应用。修昔底德提供了一个这样的例证。他提出虽然他那个时代的希腊人认为抢劫违反道德规范,可是他们不能把自己的标准应用在一个不同的文明阶段上,抢劫在过去曾被视为一个光荣的行当。这是在古代作家中发现的少数有"历史感"的例子之一。另外一个例子是由埃拉托斯泰尼斯提供的。他指出,在研究荷马的时候必须考虑他那个时代的历史背景,荷马的地理观念与当时地理知识普遍缺乏的状况相符;因此超越了时代背景,他的权威性就失去意义了。

2　《1494 — 1535 年的拉丁和条顿民族史》(*Geschichten der romanischen und germanischen Völker von 1494 bis 1535*)序言。

附录
修昔底德对史著的修订

　　我们很自然地会想到，修昔底德是在《五十年和约》缔结后的流放岁月里①进行这部战争史的写作和修订的，在当时看来，战争似乎已经结束了。这一点可以从一些段落中得到证实。这些段落显然只考虑到"十年战争"，倘若写于公元前 404 年之后，就不会如此措辞了。但另一方面，一些段落也提到"十年战争"之后的事情，暗示了西西里远征的发生以及雅典的陷落。对此通常解释为，作者校阅了其著作的第一部分，做了一些补充和修改，但忽略了一些前后矛盾的表述。[1]

　　可以确定无疑地说，其中有一段是后来增补的。[2] 在这段中，作者一直维护伯里克利，并借助后来发生的可以证明其明智的事件来显示伯里克利的治国才干，并且指出如果他的政策得以延续，其后继者也能像他一样，结局就会大不相同。此外，修昔底德还对西西里远征进行了评论，并提到了这场战争之后发生的一些事情。[3]

　　第 1 卷中有一部分对公元前 478 至前 435 年雅典发展的历史进行了概述，篇幅很长而且很重要，这部分肯定也是后来插入的。

---

① 公元前 421 年雅典与斯巴达签订《尼西阿斯和约》，停战 50 年，又称《五十年和约》；修昔底德于公元前 424 年被放逐，20 年后才返回雅典。

其目的是展示雅典霸权的发展历程，并以此来解释战争爆发的真正原因，就斯巴达而言，是为了阻止雅典霸权的继续扩张。假如修昔底德从一开始就有这种想法，那么这部分历史概述不论从逻辑上还是按年代顺序而言都应该置于史著的开篇，即序言部分。那样的话，这部分就会成为其对更早期历史概述的自然延续。然而，对斯巴达第一次同盟大会的记述①却位于这部分之前，奇怪地打断了本应顺理成章的叙述。这可能是出于显示其写作技巧的目的；因为相对于紧接下来的科林斯人在第二次同盟大会上的演讲来说，第一次同盟大会上安排 4 个人发言过于紧凑了，中断一下不失为明智之举。但是出于这种考虑而决定插入这部分的位置，我认为是事后产生的想法。内在的证据也表明这部分并非该书原有的。⁴ 就序言部分来说，正如我所说的，我们原本希望看到一个概述，但实际上却只是那个时期一些有重大关系的特征的简要概括。⁵ 此外，正如修昔底德告诉我们的，在其之前已经有赫拉尼科斯②的阿提卡编年史；那部著作的缺陷为他提供了撰写一部更为翔实、准确的编年史的特殊动机；而且，赫拉尼科斯著作的初稿直到公元前 411 年才发表，其修订稿的发表则要到公元前 404 年。难道我们会偏颇地认为序言部分已经有充分的理由证明这部战争史以雅典帝国的惨败告终，而不是以公元前 421 年非决定性的和约结束吗？这部分还有相当多的内容没有涉及到。

而且，我们会觉察到公元前 424 年赫尔摩克拉泰斯在盖拉（Gela）的演说③是在西西里远征后才编写并插入的。其中还包含了一些评论，似乎暗示了那些后来发生的事情业已出现在作者头脑中了。⁶ 此外，修昔底德也明确认识到，直到公元前 415 年一些事

① 参阅 i.66 - 88。
② 参阅 i.97。
③ 参阅 iv.59 - 64。

件发生后,公元前 424 年一些事情的意义才显现出来。要不是那些事件,他似乎不大可能引入赫尔摩克拉泰斯的演讲来强调盖拉大会。

前面章节中的其他演讲是否被润色过,而且从那些在当时前景还不明朗的事件来看,是否反映出一些情况早已为人所知,这是一个微妙的问题。例如,在斯法克泰里亚事件时,斯巴达使者在雅典公民大会上呼吁和平,[7] 他们当时推崇的行事原则似乎折射出对 20 年后斯巴达处置雅典方式的挖苦。对爱德华·迈耶而言,伯里克利为开战第一年阵亡的将士所做的国葬演说看上去像是作者为雅典精心准备的一场葬礼演说。这个想法很好,但在这场演说中我却找不到暗示其写于雅典惨败之后的线索。此外,在后来伯里克利为鼓励沮丧的雅典人而做的演说中,有一段似乎在指责其预见力。而且还蕴含着一种悲观或消沉的情绪,这是伯里克利在这种场合中不会流露的,修昔底德在灾难降临前也绝不会引入。演讲者评述说,衰亡(ἐλασσοῦσθαι)是一条自然法则,即使雅典失败了,帝国、军事上的胜利以及曾经积聚的巨额财富都将被永远铭记。① 这种劝慰的话只有在公元前 404 年之后才会提出来;在公元前 429 年是不会用这些语句来安慰公民们的;而且,也肯定不会写于公元前 429 至公元前 404 年期间。

修氏对第一次战争中后面几年历史记述的修订,可能出于别的原因。作者自从担任色雷斯一支舰队的指挥官后,就已经离开雅典了,而且雅典方面的一些公文和消息,他可能也没机会获取了,这种状态一直持续到其放逐结束后返回本国。基希霍夫(Kirchhoff)早已提出公元前 423 年雅典和斯巴达之间的休战[8] 是后来插入的。当然,这一信息有可能是从斯巴达方面获得的。公

264

---

① 参阅 ii. 64。

元前 421 年的和约文本[9] 被穿插在一段叙述中,仿佛史家是在并不确切知道具体条款的情况下编撰的;然而,这一点几乎从来没有被强调过。总体上看,很可能在最后修订时,史家用自己的语言重新整理了文中收录的那些由他人转述而获悉的文件信息。

虽然修昔底德对其著作的早期部分进行了修订,这部分是这部伟大著作中唯一修改过的地方,但他却未最终准备好将其发表,或者对其做最后的润色修订。一些段落仍流露出他早期持有的公元前 421 年战争结束的观点;记述上偶尔出现的前后矛盾的现象很可能是由于其修订不彻底造成的。

在其著作的第一部分向第二部分过渡中(v.20-26),明显存在衔接问题,皆因修昔底德在不同时期对战争持见得不同所致。其见解如下:

(1)在公元前 414 年前:一场为期十年的战争(τοῦ πολέμου τοῦδε,20.1);

(2)在公元前 414 年后:两场战争,第二次战争开始于这一年,并仍在继续;

(3)在公元前 404 年后:一场为期二十七年的战争。

首先,我想我们会注意到,在考虑续篇前(公元前 414 年)修昔底德最初在著作中是如何总结第一次战争的。我们在第 5 卷的第 20 节和第 24 节中看到两种不同的结论。第 20 节的结论比较合乎情理;它紧接着使这场战争告终的《五十年和约》。但是接下来的第 21 节至第 24 节就讲到雅典人与拉凯戴蒙人随后的结盟。第 24 节的语句显示出这是在公元前 404 年后插入的:καὶ τὸ θέρος ἦρχε τοῦ ἐνδεκάτου ἔτους[①]。何事的第十一年呢? 自然指的是这场为期二十七年的战争。接

---

① "第十一年春天开始时"。

下来的语句是：ταῦτα δὲ τὰ δέκα ἔτη ὁ πρῶτος πόλεμος ξυνεχῶς γενόμενος γέγραπται①。这句话放在此处显然很不恰当；它应该放在和约后面的第 20 节里；就文法而言，句中的 ταῦτα 很难理解，因为在上下文中并没有提到"十年"的字眼。但是如果它最初出现在第 20 节（不论是位于最后一句还是第一句之后；ταῦτα 在这两个位置都同样适合），情况就大不相同了，因为 ξυνεχῶς 使"十年战争"和"二十七年战争"形成了对照。但这种改动过于匆忙了，而且是临时性的；ταῦτα 透露出修昔底德没有进行认真彻底的修订。

第 5 卷的第 25 节和第 26 节构成了这部史书第二部分的序言。第 26 节表明该节写于公元前 404 年之后。第 25 节可能写于修昔底德仍认为第二部分记述的是第二次战争之际；但这一假设还有待证实。[10] 另外，当他公元前 414 年后开始撰写续篇时，自然会在第一部分的结尾处（第 20 节和第 24 节的末尾）引入 πρώτῳ 和 πρῶτος②。

深入探究史家写作方法上的秘密是文献学上一个饶有兴趣的问题，但在此处我只想说明一个重要的事实，即史著的第一部分是修订过的，而且有些地方还有待进一步修改。

1　如 iv. 48.5；ii. 94.1（由 viii. 96.1 来看，这些段落都未作修订）。

2　ii. 65.5 至段末。

3　ii. 81 最后一句所记述的事件早于西西里远征。ii. 100.2 对阿奇劳斯（Archelaus，公元前 413—前 399 年在位）的关注也是后来插入的；iv. 74.4 也是如此。E. Meyer 已经注意到 κρῆναι γὰρ ουπω ἦσαν αὐτόθι（"那时比雷埃夫斯还没有水井"），参见 ii. 48.2，指出其时间在公元前 414 年之后（Schol. Arist. Av. 997 参阅阿里斯托芬，《鸟》第 997 行注释）。

---

①　"持续了十年的第一次战争，已经记述完毕了"。
②　"第一次（战争）"。

4　对于没能叙及长城(墙)被拆毁(参见 i.93.5),可能是因为专门进行了介绍。但需要注意的是,i.146 忽略了波斯战争后至伯罗奔尼撒战争前为期五十年的历史;而 i.23.6 似乎是后来插入的。

5　参阅 i.18,19。概述部分(i.1-23)作为"十年战争"这段历史的序言,明显写于公元前414 年前。他可能只对一些语句进行了修改和增补,但改动并不大,比如他就没有提到雅典的陷落。

6　iv.60.暗示了雅典远征,以及对米洛斯的征服。

7　iv.17-20.

8　iv.118-119.

9　v.18-19.

10　该假设还包括这样一个推论,即 καὶ τὴν ξυμμαξίαν——᾿Αθηναίων (25.1 拉凯戴蒙人和雅典人的同盟)这些语句是后来同 21—24 节一起插入的。

参考书目

（此选列书目包含作者在准备这些演讲时直接使用过的著作，作者大规模地参考了某些著作，而对另一些仅是稍有涉猎。除少数例外情况，历史学家的书作版本未经标识。）

1. 综合性著作

BAUER，A. *Die Forschungen zur griechischen Geschichte* 1838 – 1898. Munich，1899.

BELOCH，J. *Griechische Geschichte*，vols i. - iii. Strassburg，1893 - 1904.

BRUNS，I. *Das litterarische Porträt der Griechen im fünften und vierten Jahrhundert v. Chr.* Berlin，1896.

BRUNS，I. *Die Persönlichkeit in der Geschichtschreibung der Alten.* Berlin，1898.

BUDINGER，M. *Die Universalhistorie im Altertum.* Vienna，1895.

BUSOLT，G. *Griechische Geschichte*，vols. i. - iii. Gotha，1893 - 1904.

CAUER，F. "Thukydides und seine Vorgänger". *Historische Zeitscrisft*，83，385 sqq. 1899.

CREUZER，G. F. *Die historische Kunst der Griechen in ihrer Entstehung und Fortbildung.* （323 pp.）Leipzig，1803.

DIONYSIUS OF HALICARNASSUS. *Opera rhetorica.* （尤其是" Περὶ Θουκυδίδου"，" Περὶ τῶν Θουκυδίδου ἰδιωμάτων"，" Πρὸς Πομπήιον Γέμινον ἐπιστολή" 和 "Περὶ μιμήσεως" 的残篇）

DRERUP，E. "Die historische Kunst der Griechen". *Jahrbücher für klassische Philologie*，Supplementband xxvii. 443 sqq. 1902.

GOMPERZ，TH. *Griechische Denker*，vol i. Leipzig，1893，etc.

LEO F. *Die griechish - römische Biographie.* Leipzig，1901.

MAHAFFY，J. P. *History of Classical Greek Literature*，vol. ii，Parts I. and II.，Ed. 3. London，1890.

MAHAFFY，J. P. *Greek Life and Thought*，323 - 146 B. C. Ed. 2. London，

1896.

MEYER, E. *Geschichte des Altertums*, vols, ii. – v. Stuttgart, 1893 – 1902.

MEYER, E. *Forschungen zur alten Geschichte*, I. *Zur älteren griechischen Geschichte*. Halle, 1892.

MÜLLER, C. *Fragmenta Historicorum Graecorum*, vols. i. – iv. Paris, 1841 – 51.

MÜLLER, C. *Scriptores rerum Alexandri Magni*（连同阿里安的著作都在 Didot 系列丛书中）. Paris, 1846.

MURRAY, GILBERT. *History of Ancient Greek Literature*. London, 1897.

NORDEN, E. *Die antike Kunstprosa*. Leipzig, 1898.

PETER, H. *Die geschichtliche Litteratur über die römische Kaiserzeit bis Theodosius I. und ihre Quellen*, 2 vols. Leipzig, 1897.

SCHIRMEISTER, H. *Charakteristische Erscheinungen in der antiken Geschichtschreibung*. Pyritz, 1896.

SEECK, O. *Die Entwicklung der antiken Geschichtschreibung und andere populäre Schriften*. Berlin, 1898.

STAHL. TH. "Ueber den Zusammenhang der ältesten griechischen Geschichtschreibung mit der epischen Dichtung". *Jahrbücher für klassische Philologie*, 153, 369 sqq. 1896.

SUSEMIHL, F. *Geschichte der griechischen Litteratur in der Alexandrinerzeit*, 2 vols. Leipzig, 1892.

WACHSMUTH, C. *Einleitung in das Studium der alten Geschichte*. Leipzig, 1895.

WACHSMUTH, C. *Ueber Ziele und Methoden der griechischen Geschichtschreibung*. (Rectoratsred.) Leipzig, 1897.

WIPPRECHT, F. *Zur Entwicklung der rationalistischen Mythendeutung bei den Griechen*, i. Tübingen, 1902.

2. 专门著作

Acusilaus.

KORDT, A. *De Acusilao*. Basel, 1903.

Antiochus.

WÖLFFLIN, J. *Antiochus von Syrakus und Coelius Antipater*. Leipzig, 1872.

Aristotle.

SEECK, O. "Quellenstudien zu des Aristoteles Verfassungsgeschichte Athens". *Beiträge zur alten Geschichte (Klio)*, iv. 164 sqq. and 270 sqq. 1904.

WILAMOWITZ - MOLLENDORFF, U. von. *Aristoteles und Athen. ,* 2 vols.

Berlin，1893.

Craterus.

  KEIL，B. "Der Perieget Heliodorus von Athen". *Hermes*，xxx. 199 sqq. 1894.

KRECH，J. *De Crateri Ψηφισμάτων συναγωγή et de locis aliquot Plutarchi ex ea petitis.* Greifswald，1888.

Cratippus.

  CRATIPPUS. *Oxyrhynchus Papyri*，Part V. (ed. Grenfell and Hunt)，No. 842. London，1908.

DE SANCTIS，GAETANO. *L' Atttide de Androzione e un papiro di Oxyrhynchos.* Turin，1908.

Dionysius of Miletus.

  LEHMANN，C. F. "Dionysios von Milet". *Beiträge zur alten Geschichte* (*Klio*)，ii. 334 sqq. and iii. 330 sqq.

Ephorus

  SCHWARTZ，E. Article "Ephoros" in Pauly-Wissowa，*Realencyklopadie*.

Hecataeus.

  PRÄŠEK，J. V. "Hekataios als Herodots Quelle zur Geschichte Vorderasiens". *Beiträge zur alten Geshichte* (*Klio*)，iv. 193 sqq. 1904.

Hellanicus.

  KULLMER，H. "Hellanikos". *Jahrbücher für klassische Philologie*，Supplementband xxvii，455 sqq. 1902. (包含一个新版本，对残篇重新进行了整理)

LEHMANN-HAUPT，C. F. "Hellanikos，Herodot，Thukydides". *Klio*，vi. 127 sqq. 1906.

Herodotus.

  BAUER，A. *Die Entstehung des herodotischen Geschichtswerkes.* Berlin，1878.

HAUVETTE，A. *Hérodote historien des guerres médiques.* Paris，1894.

KIRCHHOFF，A. *Die Entstehungszeit des herodotischen Geschichtswerkes*，Ed. 2. Berlin，1878.

KRAUSSE，R. *De Panyasside.* Hanover，1891.

LEHMANN，C. F. "Die historische Semiramis und Herodot". *Beiträge zur alten Geschichte* (Klio)，i. 256 sqq. 1901.

MACAN，R. W. *Herodotus*，Books iv. to vi. 2 vols. 1895. Books vii. to ix. 2 vols. 1908.

PLUTARCH，"Περὶ τῆς Ἡροδότου κακοηθείας". In vol. 5 of *the Moralia* ed. Bernardakis.

SCHWARTZ, E. *Quaestiones Ionicae*. Rostock, 1891.

WIEDEMANN, A. *Herodots zweites Buch mit sachlichen Bemerkungen*. Leipzig, 1890.

Isocrates.

SCALA, R. VON. *Isokrates und die Geschichtschreibung*, (Vortrag auf der 41. Versammlung deutscher Philologen.) Leipzig, 1892.

Pherecydes of Leros.

BERTSCH, H. *Pherekydeische Studien*. Tauberbischofsheim, 1898.

Polybius.

CUNTZ, O. *Polybius und sein Werk*. Leipzig, 1902.

DAVIDSON, J. STRACHAN. *Selections from Polybius*. Oxford, 1888.

LA-ROCHE, P. *Charakteristik von Polybius*. Leipzig, 1857.

NISSEN, H. " Die Oekonomie der Geschichte des Polybios ". *Rheinisches Museum*, xxvi. 241 sqq. 1871.

SCALA, R. VON. *Die Studien des Polybios*, i. Stuttgart, 1890.

THOMMEN, R. "Abfassungszeit der Geschichten des Polybios". *Hermes*, xx. 196 sqq. 1885.

WUNDERER, C. *Die psychologischen Anschauungen des Historikers Polybios*. Erlangen, 1905.

Theopompus.

DIDYMUS. " De Demosthene Commenta". Ed. Diels and Schubart in *Berliner Klassikertexte*, i. Berlin 1904, and in Teubner's *Volumina Aegyptiaca*. Leipzig, 1904.

Thucydides.

BUSOLT, G. "Thukydides und der themistokleische Mauerbau". *Beiträge zur alten Geschischte (Klio)*, v. 255 sqq. 1905.

CORNFORD, F. M. *Thucydides Mythistoricus*. London, 1907.

CWIKLINSKI, L. *Quaestiones de tempore quo Thucydides priorem historiae suae partem composuerit*. Berlin, 1873.

HERBST, L. " Zur Urkunde in Thukydides v. 47". *Hermes*, xxvii. 374 sqq. 1891.

HOLZAPFEL, L. " Doppelte Relationen im viii. Buche des Thukydides". *Hermes*, xxix. 435 sqq. 1894.

KIRCHHOFF, A. *Thukydides und sein Urkundenmaterial*. Berlin, 1895.

KORNEMANN, E. " Thukydides und die römische Historiographie ". *Philologus*, lxiii. 148 sqq.

MEVES, W. *Untersuchungen über das achte Buch der thukydideischen Geschichte*. Brandenburg a. H. , 1865.

NISSEN，H. "Der Ausbruch des peloponnesischen Krieges". *Historische Zeitschrift* lxiii. (N. F. xxvii.) 385 sqq. 1890.

STEIN，H. "Zur Quellenkritik des Thukydides". *Rheinisches Museum* lv. 531 sqq. 1900.

STEUP，J. *Thukydides，Antiochos und die angebliche Biographie des Hermokrates*(反驳了 Stein 的论文)Ib，lvi. 443 sqq. 1901.

WILAMOWITZ-MÖLLENDORFF， U. VON. "Memoriae obliteratae". *Hermes*，xi. 294 sqq. 1876.

WILAMOWITZ-MÖLLENDORFF， U. VON. "Die Thukydides legend". *Hermes*，xii. 326 sqq. 1877.

Timaeus

GEFFCKEN. *Timaios' Geographie des Westens*. Berlin，1892.

索　引

（以下数字为原书页码，即本书边码）

译者后记

　　《古希腊历史学家》由约翰·伯瑞（John B. Bury，1861—1927年）教授 1908 年春在哈佛大学发表的系列演讲整理而成，它既考究细节、深入浅出，又大气磅礴，富于洞察力和历史哲学上的思考。约翰·伯瑞为英国著名的历史学家、古典学家、语言学家和思想家。[①] 他出生于爱尔兰，毕业于都柏林圣三一学院，先后在圣三一学院和英国剑桥大学执教。伯瑞教授自幼修习古希腊文和拉丁文，在古典学研究领域相当有造诣，他编辑过品达的诗集，为爱德华·吉本的《罗马帝国衰亡史》做过注疏，著就了《到亚历山大去世为止的希腊史》（1900）、《古希腊历史学家》（1909）和《晚期罗马帝国史》（1889）等百年来畅销不衰的经典佳作。尽管获得这些了不起的成就，但是伯瑞教授的学术遗产并不限于古代史研究，他在剑桥大学担任现代史钦定讲座教授，思想和视野十分开阔，研究的领域从古希腊史、古罗马史、拜占庭史一直延伸到近现代史、19 世纪的罗马教皇史和西方思想史。伯瑞的学术成果也不局限于专门史研究，众所周知的是他担任了《剑桥古代史》和《剑桥中世纪史》的主

---

① 约翰·伯瑞因出生及成长于爱尔兰的莫纳亨郡，有时也被称作爱尔兰学者。历史上爱尔兰王国自 1801 年与不列颠王国合并，成为英国的一部分，直至 1921 年南爱尔兰各郡成立自由邦，爱尔兰才与英国分离，所以确切地说，伯瑞先生的国籍为大不列颠及爱尔兰联合王国。

编,还出版了专著《思想自由史》(1913 年)和《进步的观念》(1920年),汇集他在历史哲学上的思考,其开阔的眼界、扎实的历史功底、深厚的人文素养和对人类命运的热切关怀令人留下深刻的印象。

　　《古希腊历史学家》正是一部能体现伯瑞教授学术功底和史学思想的杰作。他在这部书中运用质朴明晰的语言,把看似头绪纷繁的古希腊历史学家分门别类、驾轻就熟地娓娓道来,不管是专业学者还是一般读者都能从中受益。在伯瑞看来,古希腊人既是"历史"这一术语的创造者,也是历史学的首创者,对其史学起源和发展脉络进行研究显然很有意义。他从希腊史学的起源及其与史诗的关联开始追溯,依照时序对古希腊历史学进行细致的考察,围绕每位历史学家的生平、著述的时代背景、史学思想及其作品的主题、结构、内容和史料来源等论题展开阐述,对其价值成就作以评价。其中独立成章的希罗多德、修昔底德和波利比奥斯为其论述之重点,三位历史学家皆试图记录事实真相并且探究历史现象发生的原因,在不同程度上体现出古希腊史家求真探索和理性批判的精神。伯瑞教授在行文中体现出敏锐的洞察力和对相关史学文献的熟稔,他游刃有余地将同一时期或不同时期的历史学家关联铺陈,根据其特点进行归类或是对比。他注重希腊历史中重大政治事件对于历史编撰的影响,例如希波战争、雅典帝国的形成、马其顿王国的崛起和罗马征服如何激发历史学家的创作,如何作用于历史著作的形成。他还特别关注每一阶段流行的思潮对于历史学的影响,比如科学探询精神、智者运动、修辞学派以及哲学思想对希腊史学的启蒙和影响。通过细致的材料收集、精湛的文本解读和挥洒自如又不失全局观的文字表述,伯瑞教授生动流畅地呈现了古希腊史学总体的发展进程及卓越成就,使我们得以深入了解古希腊史学如何与神话分道扬镳,如何受到科学探究和批判思想的指引,如何受到流行的修辞学的影响,如何适应阿提卡文学到亚细亚文学的转变,如何扩大关注的视野从古代转至现代史的研究,又如何产生普世史的观念以及如何对后世产生影响。

伯瑞教授在全书多处表达了独到的见解,比如他认定新出土的奥克叙伦科斯纸草的作者是克拉提波斯;他将色诺芬视为历史领域一位名过其实的"平庸的涉猎者",认为续写修昔底德的另外两位史家克拉提波斯和斐利斯托斯反倒可能更加出色。除此以外,传统观念下人们把希罗多德的《历史》视为西方史学史上第一部历史著作,希罗多德亦被后世誉为"史学之父",①而伯瑞教授显然不认同这一看法。在他看来,公元前 6 世纪在伊奥尼亚萌发的怀疑主义趋势、理性批判精神以及波斯西进带来的视野扩大令伊奥尼亚城邦涌现出一批散文纪事家,他们以散文形式叙写各地的历史地理、风土人情和个人见闻等等,历史学即由此中诞生。伯瑞将米利都人赫卡泰奥斯(Hecataeus of Miletus,约公元前 550—前 476年)视为古希腊史学的开创者,还向我们介绍了前希罗多德时代或与希罗多德同期的米利都人狄奥尼修斯、兰普萨科斯人卡隆、斯库拉科斯、安提奥科斯和赫拉尼科斯等人,将这些散文纪事家归入历史学家的行列。至于希罗多德则被认为是古希腊史学第一个阶段发展到顶点的代表,其著作保存完好因此更为人所知,事实上他也被视为伊奥尼亚史学家中的一员。这些看法为我们提供了看待问题不循常规的角度,在当时的确是令人耳目一新的。

需要指出的是本书虽然以古希腊历史学家为主题,但是在编排上为古罗马史学安排了专门的章节以说明希腊史学之影响。伯瑞教授对塔西佗等罗马历史学家有较为细致的探讨,在这一情形下相较而言对于部分古希腊史学家着墨不算充分,例如对一些比较

---

① 参见张广智《西方史学史》(上海:复旦大学出版社 2017 年版,第 11 页)等相关著作。

重要的史家如公元前 4 世纪的埃弗罗斯和希腊化时代的提迈奥斯论述得相对简略,而对于罗马统治时期的希腊历史学家几乎毫无涉及,譬如狄奥多罗斯、狄奥尼修斯、普鲁塔克和阿里安等等,或令对此有所期待的读者略感遗憾。考虑到本书最初是为进行演讲而筹备,每一讲既定的主题和篇幅对其内容编排会有一定的影响,但是这并不妨碍此书成为一部经典的史学佳作。

伯瑞教授在书中力求客观公正地评论每位史家,不过读者们能够发现他对于某些人物或某种类型的史家其实有所偏好。总体看来他对修昔底德、波利比奥斯和希耶罗努莫斯这样的历史学家有高度的评价,对于泰奥庞波斯等史家的看法倾向于负面,结合历史学家个人著述的特点和伯瑞本人的史学观念不难理解其缘由。就古希腊历史学家的创作目的而言,有一类史家自发地想要保存对过去——特别是对人类功业的记忆。希腊是人本主义的故乡,希腊人意识到人的价值和伟大,人类具有非凡的智慧和令人惊讶的创造力,他们创造的举世瞩目的成就只有经过记载才能不为后世所遗忘。历史著作凝结了人类对过去的记忆,在希腊神话里记忆女神墨涅莫叙涅和众神之王宙斯结合,历史女神克利奥得以诞生。另一类史家通过叙述人类的故事为受众提供娱乐。古希腊自古有游吟诗人的传统,历史女神克利奥作为九位缪斯之一,本身与艺术、青春、美和欢乐相关。在这样的文化传统下历史学家理所当然地希望能够引起公众的兴趣,更何况若作品受到大众的追捧,个人不仅可以声名鹊起,或许还伴有物质上的奖励。还有一类史学家意在提供实际的经验教训,为后人尤其是政治家和军事家们提供行动的指南。历史著述由此呈现不同的特点和风格:在写作时冀图以吸引受众功成名就的历史学家注重作品如何令人印象深刻,他们收集并讲述逸闻趣事,通过跌宕夸张的传奇故事和充满异域风情的民俗文化博取关注,借由华丽的文辞、生动的叙事、鲜活饱满的人物形象以及对受众审美和情感需求的呼应赢得喜爱。与此截然不同的是宣告历史有实用的目的、希望垂训后世的历史学家。他们关心事情的真相而不盲目地迎合公众,对史料倾向于较严格地挑选和审核,行文相对严谨练达。他们探究事物的联系和因果关系,用理性解释事件的成因以资鉴戒。他们寻求思想上的深刻隽永,并不介意文笔上的质朴寡淡。

这两种风格各具特色、独树一帜但是似乎又难以规避各自的局限。广受欢迎的历史著作读起来如同一部历史小说或是逸闻录,趣味盎然、引人入胜却容易失去作为史著的价值,严肃的历史著作对写作中的情节编排、戏剧冲突、情感张力和风格文采不以为意,可能因为受众缺失行而不远。自古至今每一位优秀的历史学家都可能面对过这样的问题:历史学是否应该与文学结缘,像史诗、小说和戏剧那样动人心弦,还是心无旁骛地秉持理性和客观?历史写作是否应注重美感,倾心修辞,动用想象力,装点以哲学和诗意,而不只以真实性为诉求?换而言之,历史学近似于文学和艺术,还是一门真正的科学?伯瑞教授显然倾向于支持后者,真实和准确性是他衡量历史学家水准、判定其作品高下的最重要尺度。他在就任剑桥大学现代史钦定讲座教授的演讲中说道:"历史是一门科学,不多也不少",这成为关于历史学性质的一个著名论断。19世纪伴随着自然科学取得长足的进展以及实证主义哲学的发展,西方世界洋溢着对科学乐观的气氛。人们相信科学方法的万能,相信在历史领域也可以通过运用科学的方法获得确定的知识并发现社会发展的规律,历史学被纳入科学的行列。受启蒙运动以来盛行的理性主义、科学主义、兰克史学以及19世纪中后期实证主义思潮的影响,伯瑞教授倡导在历史研究中秉持客观中立的态度,贯彻科学、实证的原则。"科学"的历史学在其看来在方法上意味着注重对材料的考证和批判并以此为基础秉笔实书,同时重视一切科学方法在历史学中的价值和运用;在目的上意味着力求精准如实,真实地再现文明的进程。他指出历史为独立的科学首先意味着要以其自身为目的,避免因为其他目的被扭曲,成为政治或神学的婢女。而所谓为历史而历史,不是让历史学家们沉湎于搜集各种支离破碎的资料,而是强调历史工作要以真实性为第一要务。真切地确定每一个细微的事实,就为将来合成、再现人类全部的历史打下了基础。正如亚里士多德学派认为万事万物皆有研究之必要,伯瑞教授同样指出:"在无限遥远的将来,所有事实于历史最后的合成中都有一席之地。当我们考虑到历史记载不可避免地存有空白时,显而易见每一事实都弥足珍贵。"①他在剑桥大学的就职演讲中倡导应该"构建一种理想,这一理想不因其不切实际而价值稍减,即关于一个民族或关于世界真实历史的理想。"②对其而言,无论历史工作者在进行多么琐碎细微的工作,都应该胸怀宏观建构人类历史、再现人类文明进程的愿望,这是历史学家研究工作的长远目标,而这一工作所衍生的人文价值——增进人们的智识和助力人类幸福却是历史学之真正意义所在。③

伯瑞教授对人类历史和社会变迁的持续关注令他对历史的发展深有感触,历史进步主义成为其有代表性的史观之一。他在本书中比较古今的历史观念发现,虽然古希腊人和现代人都肯定历史有实用的功能,但是二者的依据完全不同。古人是站在循环论的基础上的,现代人抛弃了历史循环往复的观点,代之以发展、进步的理念。④ 近代意义上的进步观念肇始于文艺复兴时期,经过理性主义、达尔文主义的影响和启蒙运动的发扬,在 19 世纪中叶已

---

① J. B. Bury, *Ancient Greek Historians*, London: Macmillan, 1909, p. 246.
② 约翰·伯瑞:《进步的观念》,范祥涛译,上海三联书店 2005 年版,引言第 5 页。
③ J. B. Bury, *Ancient Greek Historians*, pp. 249 - 259.
④ J. B. Bury, *Ancient Greek Historians*, pp. 247 - 248.

经深入人心。伯瑞教授生活的年代正是维多利亚统治盛期,英国的工业革命达到顶峰,经济和文化空前繁荣,帝国的政治影响和海外拓殖事业如日中天。整个欧洲的政治局势相对稳定,经济和科学飞速发展,积极乐观的情绪到处洋溢。奥地利作家斯蒂芬·茨威格在《昨日的世界:一个欧洲人的回忆》中写道"那是一个太平的黄金时代",[①]"整个世界处处呈现出一派无忧无虑的美好景象……欧洲从来没有像当时那样强大、富足和美丽过;欧洲从来没有像当时那样对更美好的未来充满信心过"。[②] 在这样的时代人们对自己的认知能力和对未来充满信心,历史学家们相信他们能发现人类社会发展的规律,相信历史是呈线性上升发展的。伯瑞与英国史家马考莱(Thomas Macaulay,1800—1859)和埃克顿(John Acton,1834—1902)一样笃信历史的进步,认为"进步的观念在当今时代是一个真实的、起作用的力量",[③]人们通过知识的积累和科技的革新可以改善生活、逐步完善,实现社会福祉并且奔向美好的未来。在另一方面,伯瑞没有被盲目的乐观冲昏头脑,又试图在表述上做到谨慎稳妥。他声称"进步"暗含了价值判断,"科学地说,我们并没有理由把人类的文明史说成是进步的;我们只能肯定它是一连串有因果联系的变化"。[④] 他于 1920 年出版专著进一步叮嘱道:"必须切记,进化本身在应用于人类社会时并不意味人类的运动是朝向一种令人愉悦的幸福进发。它是一个中性的科学观念,也许可以是引以为乐观的,也许与悲观主义同出一辙。"[⑤]伯瑞教授晚年经历了一战,成书于战后的《进步的观念》包含他对人类历史和进

---

① 斯蒂芬·茨威格:《昨日的世界:一个欧洲人的回忆》,舒昌善等译,广西师范大学出版社 2004 年版,第 1 页。

② 斯蒂芬·茨威格:《昨日的世界:一个欧洲人的回忆》,第 217 页。

③ J. B. Bury, *Ancient Greek Historians*, p. 257.

④ J. B. Bury, *Ancient Greek Historians*, p. 256.

⑤ 约翰·伯瑞:《进步的观念》,上海三联书店 2005 年版,第 235 页。

步史观更为丰富的思考,却也平添了些许疑虑和心忧。

进入 20 世纪,两次世界大战的爆发给人类带来了巨大的灾难和破坏,与此同时贫富分化、民族冲突、环境破坏、资源短缺、物种灭绝和气候恶化等问题愈演愈烈。伴随着人们对工业发展、科学发现滥用的恐惧和对物质繁荣与生活质量和人类幸福关系的反思,进步的观念受到批评和质疑。不仅如此,20 世纪后现代主义思潮兴起和新史学流派的产生对一系列传统观念和传统史学提出了挑战。在新史学看来,历史研究是一个认识的过程,是史学家对过去构建以及体验的过程。历史学家作为认识主体的地位得以突显,想要客观地再现历史、发现规律似乎成为神话,历史在本质上是连续的、进步的、客观的和必然的观点全然受到颠覆。然而我们不能因此否认客观主义、实证主义史学和进步史观所具有的历史价值。正如伯瑞教授在谈到历史相对主义时所说,"所有过去的事件,无论重要与否,和它们的历史情境都是相关的;它们不能脱离时代的背景而被赋予绝对的意义"。[①] 书中的某些观点或许随着时间的流淌将来被淡忘或是赋予新的内涵,我们不应忘记它们所体现的对人类命运的关怀。我们相信,伯瑞教授的这本书作不仅仅揭开了古希腊历史学的面纱,令我们洞悉人本主义、历史探询、批判精神和求真的理想是其永恒的瑰宝,而且传递给我们对人类未来文明的信心和憧憬,对当代及对后世幸福满怀的期许和热望。

全书第三讲、第四讲及关于修昔底德的附录由张继华女士翻译,其余章节、序言和索引等由符莹岩同志翻译完成。本书在出版过程中得到丛书主编陈恒先生、三联出版社黄韬先生和殷亚平女士等编辑同志们的倾力支持,在此一并致谢! 文中谬误由译者负责,欢迎读者致以宝贵的意见。

---

① J. B. Bury, *Ancient Greek Historians*, p. 250.

上海三联人文经典书库

❦❦❦❦❦❦❦❦❦❦❦❦❦❦

已出书目

1. 《世界文化史》（上、下） ［美］林恩·桑戴克 著 陈廷璠 译

2. 《希腊帝国主义》 ［美］威廉·弗格森 著 晏绍祥 译

3. 《古代埃及宗教》 ［美］亨利·富兰克弗特 著 郭子林 李凤伟 译

4. 《进步的观念》 ［英］约翰·伯瑞 著 范祥涛 译

5. 《文明的冲突：战争与欧洲国家体制的形成》 ［美］维克多·李·伯克 著 王晋新 译

6. 《君士坦丁大帝时代》 ［瑞士］雅各布·布克哈特 著 宋立宏 熊莹 卢彦名 译

7. 《语言与心智》 ［俄］科列索夫 著 杨明天 译

8. 《修昔底德：神话与历史之间》 ［英］弗朗西斯·康福德 著 孙艳萍 译

9. 《舍勒的心灵》 ［美］曼弗雷德·弗林斯 著 张志平 张任之 译

10. 《诺斯替宗教：异乡神的信息与基督教的开端》 ［美］汉斯·约纳斯 著 张新樟 译

11. 《来临中的上帝：基督教的终末论》 ［德］于尔根·莫尔特曼 著 曾念粤 译

12. 《基督教神学原理》 ［英］约翰·麦奎利 著 何光沪 译

13. 《亚洲问题及其对国际政治的影响》 ［美］阿尔弗雷德·马汉 著 范祥涛 译

14. 《王权与神祇：作为自然与社会结合体的古代近东宗教研究》

（上、下） ［美］亨利·富兰克弗特 著 郭子林 李 岩 李凤伟 译

15.《大学的兴起》 ［美］查尔斯·哈斯金斯 著 梅义征 译

16.《阅读纸草，书写历史》 ［美］罗杰·巴格诺尔 著 宋立宏 郑 阳 译

17.《秘史》 ［东罗马］普罗柯比 著 吴舒屏 吕丽蓉 译

18.《论神性》 ［古罗马］西塞罗 著 石敏敏 译

19.《护教篇》 ［古罗马］德尔图良 著 涂世华 译

20.《宇宙与创造主：创造神学引论》 ［英］大卫·弗格森 著 刘光耀 译

21.《世界主义与民族国家》 ［德］弗里德里希·梅尼克 著 孟 钟捷 译

22.《古代世界的终结》 ［法］菲迪南·罗特 著 王春侠 曹明 玉 译

23.《近代欧洲的生活与劳作（从 15—18 世纪）》 ［法］G. 勒纳尔 G. 乌勒西 著 杨 军 译

24.《十二世纪文艺复兴》 ［美］查尔斯·哈斯金斯 著 张 澜 刘 疆 译

25.《五十年伤痕：美国的冷战历史观与世界》（上、下） ［美］德瑞克·李波厄特 著 郭学堂 潘忠岐 孙小林 译

26.《欧洲文明的曙光》 ［英］戈登·柴尔德 著 陈 淳 陈洪波 译

27.《考古学导论》 ［英］戈登·柴尔德 著 安志敏 安家瑗 译

28.《历史发生了什么》 ［英］戈登·柴尔德 著 李宁利 译

29.《人类创造了自身》 ［英］戈登·柴尔德 著 安家瑗 余敬东 译

30.《历史的重建：考古材料的阐释》 ［英］戈登·柴尔德 著 方 辉 方堃杨 译

31.《中国与大战：寻求新的国家认同与国际化》 ［美］徐国琦 著 马建标 译

32.《罗马帝国主义》 ［美］腾尼·弗兰克 著 宫秀华 译

33.《追寻人类的过去》 ［美］路易斯·宾福德 著 陈胜前 译

34.《古代哲学史》 ［德］文德尔班 著 詹文杰 译

35.《自由精神哲学》 ［俄］尼古拉·别尔嘉耶夫 著 石衡潭 译

36.《波斯帝国史》 ［美］A．T．奥姆斯特德 著 李铁匠等 译

37.《战争的技艺》 ［意］尼科洛·马基雅维里 著 崔树义 译 冯克利 校

38.《民族主义:走向现代的五条道路》 ［美］里亚·格林菲尔德 著 王春华等 译 刘北成 校

39.《性格与文化:论东方与西方》 ［美］欧文·白璧德 著 孙宜学 译

40.《骑士制度》 ［英］埃德加·普雷斯蒂奇 编 林中泽 等译

41.《光荣属于希腊》 ［英］J．C．斯托巴特 著 史国荣 译

42.《伟大属于罗马》 ［英］J．C．斯托巴特 著 王三义 译

43.《图像学研究》 ［美］欧文·潘诺夫斯基 著 戚印平 范景中 译

44.《霍布斯与共和主义自由》 ［英］昆廷·斯金纳 著 管可秾 译

45.《爱之道与爱之力:道德转变的类型、因素与技术》 ［美］皮蒂里姆·A．索罗金 著 陈雪飞 译

46.《法国革命的思想起源》 ［法］达尼埃尔·莫尔内 著 黄艳红 译

47.《穆罕默德和查理曼》 ［比］亨利·皮朗 著 王晋新 译

48.《16世纪的不信教问题:拉伯雷的宗教》 ［法］吕西安·费弗尔 著 赖国栋 译

49.《大地与人类演进:地理学视野下的史学引论》 ［法］吕西安·费弗尔 著 高福进 等译 ［即出］

50.《法国文艺复兴时期的生活》 ［法］吕西安·费弗尔 著 施诚 译

51.《希腊化文明与犹太人》 ［以］维克多·切利科夫 著 石敏敏 译

52.《古代东方的艺术与建筑》 ［美］亨利·富兰克弗特 著 郝

209

海迪　袁指挥　译

53. 《欧洲的宗教与虔诚：1215—1515》　［英］罗伯特·诺布尔·斯旺森　著　龙秀清　张日元　译

54. 《中世纪的思维：思想情感发展史》　［美］亨利·奥斯本·泰勒　著　赵立行　周光发　译

55. 《论成为人：神学人类学专论》　［美］雷·S.安德森　著　叶汀　译

56. 《自律的发明：近代道德哲学史》　［美］J.B.施尼温德　著　张志平　译

57. 《城市人：环境及其影响》　［美］爱德华·克鲁帕特　著　陆伟芳　译

58. 《历史与信仰：个人的探询》　［英］科林·布朗　著　查常平　译

59. 《以色列的先知及其历史地位》　［英］威廉·史密斯　著　孙增霖　译

60. 《欧洲民族思想变迁：一部文化史》　［荷］叶普·列尔森普　著　周明圣　骆海辉　译

61. 《有限性的悲剧：狄尔泰的生命释义学》　［荷］约斯·德·穆尔　著　吕和应　译

62. 《希腊史》　［古希腊］色诺芬　著　徐松岩　译注

63. 《罗马经济史》　［美］腾尼·弗兰克　著　王桂玲　杨金龙　译

64. 《修辞学与文学讲义》　［英］亚当·斯密　著　朱卫红　译

65. 《从宗教到哲学：西方思想起源研究》　［英］康福德　著　曾琼　王涛　译

66. 《中世纪的人们》　［英］艾琳·帕瓦　著　苏圣捷　译

67. 《世界戏剧史》　［美］G.布罗凯特　J.希尔蒂　著　周靖波　译

68. 《20世纪文化百科词典》　［俄］瓦季姆·鲁德涅夫　著　杨明天　陈瑞静　译

69. 《英语文学与圣经传统大词典》　［美］戴维·莱尔·杰弗里（谢大卫）主编　刘光耀　章智源等　译

70. 《刘松龄——旧耶稣会在京最后一位伟大的天文学家》　［美］斯坦尼斯拉夫·叶茨尼克　著　周萍萍　译

71.《地理学》 〔古希腊〕斯特拉博 著 李铁匠 译

72.《马丁·路德的时运》 〔法〕吕西安·费弗尔 著 王永环
肖华峰 译

73.《希腊化文明》 〔英〕威廉·塔恩 著 陈 恒 倪华强 李
月 译

74.《优西比乌：生平、作品及声誉》 〔美〕麦克吉佛特 著 林中
泽 龚伟英 译

75.《马可·波罗与世界的发现》 〔英〕约翰·拉纳 著 姬庆
红译

76.《犹太人与现代资本主义》 〔德〕维尔纳·桑巴特 著 艾仁
贵 译

77.《早期基督教与希腊教化》 〔德〕瓦纳尔·耶格尔 著 吴晓
群 译

78.《希腊艺术史》 〔美〕F·B·塔贝尔 著 殷亚平 译

79.《比较文明研究的理论方法与个案》 〔日〕伊东俊太郎 梅棹
忠夫 江上波夫 著 周颂伦 李小白 吴 玲 译

80.《古典学术史：从公元前6世纪到中古末期》 〔英〕约翰·埃
德温·桑兹 著 赫海迪 译

81.《本笃会规评注》 〔奥〕米歇尔·普契卡 评注 杜海龙 译

82.《伯里克利：伟人考验下的雅典民主》 〔法〕 樊尚·阿祖莱
著 方颂华 译

83.《旧世界的相遇：近代之前的跨文化联系与交流》 〔美〕 杰
里·H.本特利 著 李大伟 陈冠堃 译 施诚 校

84.《词与物：人文科学的考古学》修订译本 〔法〕米歇尔·福柯
著 莫伟民 译

85.《古希腊历史学家》 〔英〕约翰·伯瑞 著 符莹岩 张继华 译

86.《自我与历史的戏剧》 〔美〕莱因霍尔德·尼布尔 著 方
永 译

87.《马基雅维里与文艺复兴》 〔意〕费代里科·沙博 著 陈
玉聃 译

88.《追寻事实：历史解释的艺术》 〔美〕詹姆士 W.戴维森
著〔美〕马克 H. 利特尔著 刘子奎 译

107.《十九世纪德国史(第一卷)：帝国的覆灭》［英］海因里希·冯·特赖奇克 著 李娟 译

108.《通史》［古希腊］波利比乌斯 著 杨之涵 译

109.《苏美尔人》［英］伦纳德·伍雷 著 王献华 魏桢力 译

110.《旧约：一部文学史》［瑞士］康拉德·施密特 著 李天伟 姜振帅 译

111.《中世纪的模型：英格兰经济发展的历史与理论》［英］约翰·哈彻 马可·贝利 著 许明杰 黄嘉欣 译

112.《文人恺撒》［英］弗兰克·阿德科克 著 金春岚 译

113.《罗马共和国的战争艺术》［英］弗兰克·阿德科克 著 金春岚 译

114.《古罗马政治理念和实践》［英］弗兰克·阿德科克 著 金春岚 译

115.《神话历史：现代史学的生成》［以色列］约瑟夫·马里 著 赵琪 译

116.《论人的理智能力及其教育》［法］爱尔维修 著 汪功伟 译

欢迎广大读者垂询，垂询电话：021－22895540

图书在版编目（CIP）数据

古希腊历史学家/（英）约翰·伯瑞著；符莹岩，张继华
译. —上海：上海三联书店，2022.7
（上海三联人文经典书库）
ISBN 978-7-5426-6653-6

Ⅰ.①古…　Ⅱ.①约…②符…③张…　Ⅲ.①古希腊—历
史—研究　Ⅳ.①K125

中国版本图书馆 CIP 数据核字（2019）第 059253 号

古希腊历史学家

著　　者 / ［英］约翰·伯瑞
译　　者 / 符莹岩　张继华

责任编辑 / 殷亚平
特约编辑 / 刘怡君
装帧设计 / 徐　徐
监　　制 / 姚　军
责任校对 / 张大伟　王凌霄

出版发行 / 上海三联书店
　　　　　（200030）中国上海市漕溪北路 331 号 A 座 6 楼
邮　　箱 / sdxsanlian@sina.com
邮购电话 / 021-22895540
印　　刷 / 上海展强印刷有限公司

版　　次 / 2022 年 7 月第 1 版
印　　次 / 2022 年 7 月第 1 次印刷
开　　本 / 640 mm×960 mm　1/16
字　　数 / 180 千字
印　　张 / 13.75
书　　号 / ISBN 978-7-5426-6653-6/K·525
定　　价 / 88.00 元

敬启读者，如发现本书有印装质量问题，请与印刷厂联系 021-66366565